Brandenburg
Die Lande der Mark

Luftfotografie von Lothar Willmann
Texte von Peter Auer
Herausgegeben von Wolfgang Streubel

Brandenburg
Die Lande der Mark

Aus der Luft fotografiert

Ullstein

Malchin

Schwerin
Ruddenwerde
Turow
Treptou
Waren
St
Thom Dā
Plawen
Neustat
Nue Bra
Nachba
Donitz
Tornan
Kargen
Wolleck
Danneberg
Dalmin
Witstock
Strelitz
Wulß
Lentzen
Kum
Pritzwalck
Zechlin
Furs
Berge
Temp
Hottelzch
Kiritz
Zede
Soltwedel
Schausen
Werben
Rapin
Schoneebecke
Bismarck
H Hauelbergk
Gardeleben
Stein dall
Ratenaw
Deltaw
Bot
Nawe
Barl
Tangermund
Brandenburg
Spandaw
Borch
Gentin
Com
Wolmerstede
Hauel A
Potstam
Parchum
Tre
Meydburg
Lauburg
Nack e
Berby
Beltzig
Batrit
Halberstat
Zerbst
Brietzen
Than
Luken
Wittenberg
Sonnewaldt
Albis flu

Miliaria Germa.
5   10

Frisch haff

Waldeborg · 54

Landeck

Vkermund · Stepenitz Golnaw · Newgarten · Polchin

Pasewalck Stetin · Dam · Dalow · Labes

Penkun · Colbitz · Tramburg · Falcke burgk

Prentzlaw · Grippehag · Stargard · Nurenberge · Kalis

Potzaw · Sabaw · Retz

Gartz · Latzig · Arnswalde · Furstenaw

New Anger munt · Banen · Jegersburg · 53

Stolpen · Konnigsberg · Berlinchen · Woldenbergk

Soldin · Busse · Dresen

Freienwald · Newmuhm · Landsberg · Zandock

Fride lant · Dam · Nous A. · Schweren

Copenigk · Kustrin · Sunnenberg · Squirsina · Lentz

Lubus · Sternbergk Meseritz · Neustat

Franckfurt · Schwi bussen · Cyrchon · Costian

Beskaw · Mulrase · Reiplzigk Crossen · Zullich

Luben · Furstenberg Luberast · Storchnest · 52

Guben

Dobersmundt

Cotbus · Forst Naumburg · **Brandenburg**

premberg Sagan

Tribel

Grafik: AKG

Vierhundert Jahre später fällt auf, wie präzise die Darstellung schon war und wie leicht sich auch heute vieles entdecken läßt.

Brandenburg – Land voller Widerspruch

Beharrlich

Nach dem Ende des Ersten Schlesischen Krieges nahm Friedrichs Traum, in die Weinberge bei Potsdam ziehen zu können, konkrete Gestalt an. Er hoffte, ohne Sorge – sans souci – als Monarch in Frieden zu leben. Es wurde des Königs Refugium. Auf der Terrasse fand er – spät – seine letzte Ruhe.

Beschaulich

Eine Idylle wie aus einer Fibel: der Senftenberger See. Aber die an den Norden erinnernde Schärenlandschaft ist ein Kunstgebilde, ein „Abfallprodukt" des Tagebergbaus. Die über tausend Hektar Wasserfläche kaschieren (oft nur notdürftig) das unverantwortliche Ausbeuten der Lausitzer Region.

Behilflich

Ein monströser Trog erspart den Binnenschiffern mühsames Schleusen und weite Umwege zwischen Berlin und der Oder. Schon um 1500 war die Finow als Transportader genutzt worden. Das Schiffshebewerk bei Niederfinow verlor nichts von der Faszination eines „Technischen Weltwunders".

Bedrohlich

Der Lärm der Rotoren des Helikopters hat die Herde verstört, ängstlich drückt sie sich aneinander. Schafe blieben für die Bauern der Mark Brandenburg über Jahrhunderte karge und auch einzige Erwerbsquelle. Denn vielerorts waren die Böden zu spröde für den Anbau von Roggen, Weizen, Hafer.

Bedenklich

Schon seit 1815 schöpften die Kohlebarone der Lausitz Gewinne aus dem Tagebau – die junge DDR trieb die Ausbeutung der Rohstoffvorkommen vehement voran. Angewiesen auf das „Braune Gold". Der Preis für dieses „Immermehr" muß bezahlt werden. Bedachte keiner den Tod der Natur?

Betulich

An der Staffelei eines Malers der Romantik hätte dieses Bild entstehen können: die Mark Brandenburg. So, wie sie unzähligen Generationen vertraut war. Inmitten von Feldern Dorf und Kirche. Das Rauchen der Schlote als Indiz für Fleiß seiner Handwerker und ihren Pioniergeist. Nur ein Trugbild?

Ein Wort an Euch,
mein König:

Was für ein Land?

Allerhöchste Majestät – mit Verlaub: Zu spät bin ich in Euer Land gekommen, um Friedrichs des Zweiten Untertan noch sein zu können. Uns trennt ein Altersunterschied von zweieinhalb Jahrhunderten. Aber kann mich dies hindern, Euch, den man zu Lebzeiten schon den „Großen" nennt, einen Brief zu schreiben?

Lade ich, der einfache Bürger, vorwitzig das Delikt einer Majestätsbeleidigung auf mich?

Nein, mein König, Ihr habt Nachricht nie verschmäht. Voltaire, der Schmeichler – manche schimpfen ihn Schleimer – ist mit Euch mehr als vier Jahrzehnte in Verbindung geblieben. Die ersten Zeilen von mindestens 654 Couverts, die gewechselt wurden, datieren vom 8. August 1736: „Obwohl ich noch nicht das Vergnügen Ihrer persönlichen Bekanntschaft habe…" huldigten Sie als Kronprinz in Rheinsberg dem, den Sie für den „Größten aller Völker und Zeiten" erachteten. Der Wortlaut – warum es verschweigen? – wurde von Charles Etienne Jordan, Eurem Vertrauten, „frisiert"!

Aber auch Johannes Arnold, Pächter der Krebs'schen Wassermühle und ansässig bei Pommerzig im Kreise Züllichau in der Neumark, griff nicht vergeblich zur Feder. Er, der sich als Nachbar und Abhängiger des Landrates und Karpfenzüchters Georg von Gersdorff ins Unrecht gesetzt sah, rebellierte. Ein kluger Rebell, der märkische Unternehmer – seine Waffe war das geschriebene Wort. Am Ende habt Ihr, Königliche Hoheit, drei Kammergerichtsräte, Friedel, Graun und Ransleben, für ein Jahr in die „harte Festungshaft" stecken und deren Urteil kassieren lassen, um Justitia nicht die Binde vom Auge zu reißen. Das ehrt Euch – hat aber einen Schönheitsfleck abbekommen: Der Müller war gleichwohl ein Hundsfott; nach Eurer Majestät Ableben mußten die gedemütigten Räte rehabilitiert werden. Arnold hatte gelogen. Petitesse oder Blackout? Dies ändert nichts am Prinzip. Der erste Diener seines Staates – und als ein solcher saht Ihr Euch – mußte erreichbar sein. Ein Sonnenkönig? Nein danke.

Den hatte Euer Großvater peinlich nachgeäfft. Dem Hang zum Plagiat verdankten die Berliner ihr Stadtschloß. Verdankten, sage ich. Möglicherweise muß in einer fernen Neuauflage das kleine t schon wieder wegfallen. Weil dann (dank Schloß-Neubau) verdanken gilt! „Seine Majestät Friedrich II. zu Potsdam" – dies genügte für jede Depesche, um Euch zu finden. Der Fortschritt, beklagt wie bejubelt, hat die Gewichte verrückt. Die Schuld trägt nicht allein die alles gleichmacherische Demokratie, sondern auch die neue Postleitzahl; die fünfstellige.

Denn wollte einer wie ich, Euer Untertan, den Olymp von Sanssouci geradewegs von der Straße am Neuen Palais her erreichen, so gälte die 14469. Näherte sich der brieftragende Bürger vom Obelisken, so käme allein die Anschrift Schopenhauerstraße in Betracht; und da hieße es erraten, ob nun mit der 14467 oder etwa der 14471 der bundespostalischen und zustellerischen Gerechtigkeit Genüge getan würde.

Warum ich Euch dies wissen lasse? Mit mehr als zweihundert Jahren Verspätung? Damit Eure Majestät einen – kleinen – Eindruck davon bekommt, wie es ausschaut in der Mark Brandenburg.

Ihr habt Schlesien erobert unter Strömen von Blut, und Ihr hieltet die Beute. Aber auch Ihr hättet es wohl nicht verhindern können an der Wende zu einem neuen Jahrtausend, daß die Postleitzahl in Eurem vorzüglichen Staat grassieren darf...

███

Ein vorzüglicher Staat? Mein großer Friedrich; da muß ich zögern. Denn was ist das heute für ein Land? Zerzaust im Orkan des Grenzenfalls? Ja.

Verworren an einer jeden Weggabelung? Jein.

Verzagt beim Schauen nach vorne? Nein!

Das ist Preußen. Auch das ist Preußen, Allerhöchste Majestät.

Ihr Urgroßvater ist es gewesen. Friedrich Wilhelm; Kurfürst von Brandenburg. Im Jahre eins seiner Herrschaft, Anno 1641 also, mit diesem

Preußen rechtmäßig belehnt. Wir nennen diesen Herzog in Preußen längst den Großen Kurfürsten. Er hat – mitten im Dreißigjährigen Krieg – die Eckpfeiler gepflockt. Und er hat seit der Schlacht bei Fehrbellin, aus der er als der „Große" herausritt, die Fundamente gegossen für ein, sein neues Land. Weit größer als die Mark, von der hier die Rede geht.

Europa schaute von nun an auf die Landkarten, in denen die Geographen das lateinische „Borussia" niedergeschrieben hatten. Ein neuer Puzzlestein für Europa. Und das, obschon in der Alten Welt ohnehin nicht das eine ins andere paßte.

Es genügt fürs Kommende, sich zunächst allein auf die Mark Brandenburg zu konzentrieren.

■■■

Gewiß nicht mehr als Pennälerwissen; und dennoch kommen wir nicht drumherum: Mit den alten Römern – ausgerechnet – hatte die Sache ihren Anfang genommen. Als das Imperium Romanum zerfiel und die Völker über Generationen quer durch den Kontinent auf Wanderschaft gingen (gehen mußten, sollten wir fairerweise sagen), versuchen swebische Semnonen Fuß zu fassen. Doch sie können nicht in Frieden leben, weil an der ungesicherten Grenze des oströmischen Reiches im sechsten nachchristlichen Jahrhundert hie schon Sachsen, Thüringer, Franken, Alemannen, Bajuwaren und Langobarden nach Besitz und Herrschaft streben, dort aber die Westslawen mit den Stämmen der Wilzen und Heveller, der Obotriten und der Sorben ihre äußerst kärglichen Pfründe mit Hauen und Stechen verteidigen. Das mit dem Hauen und Stechen kann wortwörtlich genommen werden; man drosch einander arg- und skrupellos die Schädel ein. Und wenn es sein mußte auch mit moralischen Motiven. Die einen, um die heidnischen Riten zu hüten, die anderen um unseres Heilands willen. Karl der Große ist eingefallen – aus purer und unverhüllter Habgier. Jeder Sekundaner mußte sich das Wann abfragen lassen: 789. Das prägt sich ein! Otto I. gab vor, in Gottes Namen zu erobern. Christianisierung mit Folgen: Brandenburg, einst ein slawisches und seit dem sechsten Jahrhundert bekanntes Wall-Areal mit dem Namen Brennabor, mauserte sich, Ott' sei Dank, von 948 zum Bistum; ebenso wie Havelberg.

Der seelenfromme Otto und die große Weltpolitik?

So weit waren wir noch nicht. Die Askanier treten als herrschendes Haus 1134 auf den Plan. Wer in der Penne aufgepaßt hat, wird etwas anfangen können mit dem Albrecht, den sie den Bären nennen. Jede Unterstufen-Fibel birgt den Lehrsatz „Mit der Mark belehnt". Solch Holperstudienratsvorlesedeutsch ist unausrottbar. Wes Couleur der Erziehungsminister auch sein mag: Selbst dem Jungen Pionier konnte der bärige Albrecht da nicht verborgen bleiben.

Diese Mark, die uns beschäftigt, ist ein Territorium, das sich – gäbe es den Globus schon – mit einem Stecknadelkopf abdecken ließe. Nur hält zu jener Epoche alle gescheite Welt die Erde nach päpstlichem Sinn (und Befehl!) für eine Scheibe. Die Kugelgestalt unseres Planeten unbekannt, nur Rom der Mittelpunkt des Alls, Amerika und Australien unentdeckt und das Reich der Chinesen, von dem man dank Venedig schon vernommen hat, unerklärbar weit weg. Europäische Historie wird anderswo gewoben als zwischen Oder und Elbe. In Aachen, Augsburg, Nürnberg; in Madrid, Prag, Wien.

Und in der Engelsburg.

━━━━━

Preußen scheint der machtverteilenden Oberschicht zu unbedeutend, um es ins Licht zu rücken. Nur einmal, ausgerechnet im Adriaort Rimini, heute mit dem tourismusabträglichen Kainsmal von Alge, Nepp und Papagalli behaftet, taucht 1226 in der Goldenen Bulle von Kaiser Friedrich II. für einen Augenblick Preußen unvermittelt auf: Hermann von Salza, Hochmeister des Deutschen Ordens, erhält kaiserliche Befugnisse, das ruppige Revier, in dem es die Heiden untereinander zu wild und toll treiben, zu zügeln. Hätten die Hochmeister...

Wäre, hätte, würde – so läßt sich Geschichte nicht bezähmen. Allein die Erkenntnis gilt, daß die Wilden und Tollen den Deutschordensleuten über den Kopf wuchsen und sich um ihren Vormund nur einen Dreck kümmerten. Schäm Dich, Mündel!

Mußten also die Hohenzollern ans Werk gehen. Dieses Geschlecht aus dem Fränkischen wird seit 1411 die Weichen stellen. Burggraf Friedrich VI. von Nürnberg sah sich zum Regenten eingesetzt. Zu wessen Nutzen? Seinem eigenen. Es wird sich erweisen. Noch aber ahnen die wenigsten, was es wert sein würde, daß König Sigismund beim Konstanzer Konzil 1415 besagten Friedrich aus den Niederungen eines „Hauptmanns und Verwesers" zum „Wirklichen Markgrafen und Kurfürsten und Erzkämmerer des Heiligen Römischen Reiches Deutscher Nation" befördert.

Kurfürst in Brandenburg – das heißt küren. Wen? Den Kaiser, wenn die Wahl ansteht. Da hat es niemanden zu kümmern, daß dieses Berlin in seinen Schutzzinnen weniger als fünftausend Seelen zählt, und daß Lübeck beispielsweise viermal so groß ist. Pure Erbsenzählerei? Nur Protokollkram? Mitnichten, mein König, mitnichten. Ihr seid Hohenzoller. Und Ihr habt vom Geschäftlichen gehört. Und als ein Erbe davon profitiert.

Wie auch immer.

Kurfürst sein im Mittelalter war wie jede Woche ein Sechser im Lotto. Ein Siebener-Rat – ein Zirkel der lebenslänglich Umbuhlten. Wer gehört dazu? Drei Erzbischöfe. Die von Köln, von Mainz und von Trier. Ein König. Der in Böhmen. Ein Pfalzgraf. Der bei Rhein. Und zwei Kurfürsten. Die von Sachsen und von Brandenburg. Noch ist (nach außen hin) viel Gold nicht im Spiel. Das soll sich ändern. Je aufgeklärter und moderner die Zeiten – um so mehr Gold. Erst der Mammon, dann die Moral! Wir können uns einen Zeitsprung zumuten. Als Karl V. am Vormittag des 28. Juni 1519 in der Sakristei des Bartholomäusklosters zu Frankfurt am Main zu „Romischem konig und kunftigem keiser bewilligt, benent und gewelt in namen des almechtigen Gots" wird, da hatte ihn der Kronenhandel mit den glorreichen Sieben an Spesen und Schmiergeldern aller Art summa summarum eine Million Gulden gekostet. Es läßt sich umrechnen: heutiger Währung an die fünfzig Millionen Mark.

Der Potentat, in dessen Reich die Sonne niemals unterging, der Habsburger, der Päpste wie Bauern beim Schach stellte, war abhängig von einem Mann aus der Mark Brandenburg. Patrioten, aufgepaßt – das läßt sich doch hören. Und dennoch muß das nur eine Fußnote der Historie bleiben. Macht zu allen Zeiten ist verderblicher als süße Sahne in der Augustsonne.

▬▬▬

Wem sage ich das, Majestät? Was Euch erspart blieb, weil Ihr das Zeitliche längst gesegnet hattet, soll am Rande festgehalten sein: Eure Urururgroßnichte, die Schwester immerhin des letzten preußischen Königs und deutschen Kaisers, Viktoria, heiratete in zweiter Ehe einen um vierzig Jahre jüngeren Russen. Einen gewissen Alexander Zubkow, der als Zahlkellner in einer Bahnhofsgaststätte gelernt hatte, wie mühsam glasweise ans überlebensnotwendige Trinkgeld zu kommen ist. Freilich – noch sind wir nicht am Ende, sondern am Anfang der Blütejahre. Die Mark, die Euch der Große Kurfürst schuf, war redlich und ehrsam bestellter Boden. Als Ihr weiland beim Umbetten in eine andere Gruft Euern Altvorderen von Angesicht saht, habt Ihr die Generalität an Eurer Seite gemahnt: „Messieurs, der hat viel getan."

Hat er, ganz gewiß. Doch natürlich muß er sich vorhalten lassen, den Dreißigjährigen Krieg als Schacherer zwischen den Allianzen, als Diener dreier Herren und als ein Wanderer zwischen den Welten überlebt zu haben. Aber die Frontlinien verschoben sich schneller als die Winde die Wetterhähne drehten. Und am Ende seiner Tage wird der aufgeklärte Kurfürst Friedrich Wilhelm von Brandenburg froh gewesen sein, daß in seinen Dezennien ihm nur Pommerland abgebrannt worden ist.

Wer nördlich von Gransee und Zehdenick den schlangenkrummen Uferwegen der tiefblauen Havel folgt, gerät in einen Landstrich, in dem kein Haus, kein Hof älteren Datums sein kann als 1660. Das Marodieren und Branden und Fackeln und Plündern hat nichts hinterlassen. In der Fachwerkkirche von Bredereiche, sieben Schleusenstufen oberhalb von Spandau gelegen, sind im Altar, dessen naives Buntsein den Staunenden anrühren muß, drei Statuen und zwei Engelsköpfe aus der vorkriegerischen Zeit erhalten. Vergraben hatte man sie. Und wohl auch vergessen. Das ließ die Heiligen überdauern.

Die Mark hatte und hat ihre Grenze an der Oder. Die Elbe im Westen, die scheinbar ebenso natürliche Trennlinie sein könnte, berührt sie nur zweimal. Im Süden fast schon zaghaft, im Norden – grob gesagt zwischen Havelberg und Wittenberge – auf größere Distanz.

In vielen Atlanten ist von der Altmark die Rede, die Neumark – östlich der Oder – mußte erst noch dazugekauft werden – im Jahre 1455 vom Deutschen Orden.

Im Norden residierten die Mecklenburger, die immer dann verträglich blieben, wenn ihnen die Schweden keine Laus in den Pelz setzten. Im Süden die Sachsen. Und da lagen die Machtdinge dann schon anders. Jede Bataille und jedes Scharmützel verschob über Generationen zwar die Grenzgemarkungen ein wenig her und hin; im Kern aber änderte sich am Besitzstand wenig. Sicher auch deshalb, weil die bodenständigen Märker eben Märker bleiben wollten und es den Mecklenburgern und Pommern und Sachsen nicht viel anders ums Herz zumute war.

Polyglott? Nein, das kann man den Preußen beileibe nicht vorwerfen. Erst Neckermann machte es möglich...

Etwas großzügig über Korrekturen hinweggesehen ist das, was vor einem halben Jahrtausend schon Brandenburg gewesen, heute noch das Bundesland Brandenburg. Aber: Ihr Preußen, Majestät, das wird es nie mehr sein. In dem, was blieb, leben – und wir nutzen die neuesten Zahlen – 2,64 Millionen Bürger auf 29 059 Quadratkilometern Fläche.

(Für Zukunftsdürstende: Wenn dem beschlossenen Verlöbnis die Vernunftehe folgen und das Neu-Bundesland Berlin-Brandenburg Realität wird, dann wachsen Braut und Bräutigam auf 29 942 Quadratkilometer und auf 6,05 Millionen Einwohner.) Die Statistik nennt selbige übrigens Bewohner.

Da hatten's Eure Majestät mit solchen Sprachfindungshaarspaltereien einfacher. Es waren Untertanen. Punktum. Fuhren die schlecht mit Euch, mon roi?

━━━━━

Es gibt vieles um Sie, großer Preußenkönig, was sich leichter beantworten ließe.

Denn geschont habt Ihr Eure Brandenburger nicht. Euer monarchisches Selbstverständnis, das vom Gottesgnadentum eines Herrschenden ausging, konnte es nicht zulassen. Ein Satz verrät Euch: Heinrich von Schwedt, ein Jugendkumpan, auf Du und Du vertraut, mußte sich schroff zurückweisen lassen: „Mein Herr, jetzt bin ich der König!" Nicht allein die Eitelkeit – und ihr wart eitel – trieb Majestät. Es war auch der fanatische Zwang, der Gerechtigkeit die Bahn zu brechen. Ein Credo, das Euch Eurer Zeit um hundert Jahre vorauseilen ließ, unsterblich machte. Nicht allein in der engen Mark.

Am 31. Mai 1740 ist Euer Vater, der Soldatenkönig, der Euch nach der Desertion von Steinsfurt sterben sehen wollte, gegangen.

Neun Wochen zuvor seid Ihr noch der weltentrückte Schöngeist gewesen, der an Voltaire schrieb, daß keiner fürchten müsse, die Götter könnten einen Friedrich veranlassen, „die Leier für das Zepter" preiszugeben. Neun Wochen nach der Thronbesteigung las es sich anders.

Da habt Ihr als eine „Königliche Majestät in Preußen (das „in" wurde gegen das „von" erst 1772 ausgetauscht) und Churfürstliche Durchlaucht zu Brandenburg, als Markgraf, als des Heiligen Römischen Reiches Erzkämmerer, als Herzog zu Magdeburg, Cleve, Pommern, als Fürst zu Halberstadt und Minden, als Graf

von Mark und Ravensberg"
die Leier vergessen.
Das Zepter. Sonst nichts!
Sonst nichts?
Sagen wir es anders – flapsig:
Die Leier wurde erst einmal
eingemottet. Wichtigeres
stand an. Der einzige, der das
wußte, das seid Ihr gewesen.
Duhan de Jandun, Euer nach
Memel verbannter Erzieher,
wird zurückbefohlen: „Mein
Schicksal hat sich geändert."
Dem Buchändler Ambrosius
Haude, der Euch in Kronprin-
zentagen im Hinterzimmer
eine Bibliothek angelegt hatte,
gewährt Ihr das Privilegium,
eine Zeitung herauszubringen.
Am Donnerstag, dem 30. Juni
1740 erscheint die Nummer I.
„Wahrheit und Freyheit" steht
über dem Titelkopf der „Ber-
linischen Nachrichten von
Staats- und gelehrten Sachen".
Der erste Artikel beginnt mit
der Zeile „Ein weiser Friedrich
will dies Blatt …". Dieser weise
Friedrich hatte – unfaßbar für
seine Umgebung – die Zen-
sur aufgehoben. Und Eurem
Minister, dem Grafen Heinrich von Podewils, hattet Ihr
auferlegt, „daß Gazetten wenn
sie intereßant seyn solten nicht
geniret werden müsten". Was
keinen hellhörig macht, ist

das Signet der „Haude'schen":
ein gekrönter preußischer
Adler, der in seinen Krallen
Bücher trägt und über dem
halb sichtbaren Globus
schwebt. Der Kontinent unter
ihm ist mit EVROPA gekenn-
zeichnet. Nur eine Stadt trägt
einen Namen: Berlin!
Das Wort aber, das Euch
herausheben wird von den
Gesalbten und Großmächti-
gen in Europa, ist eine hand-
schriftliche Randnotiz, adres-
siert an einen Gerichtsfiscal
namens Uhden, der sich „um
die Katholischen zu beküm-
mern" hatte. Diesem Uhden
gabt Ihr Rat und Befehl: „Die
Religionen müsen alle Tolleri-
ret werden und Mus der fis-
cal das auge darauf haben,
das Keine der andern abruch
tuhe, den hier mus ein jeder
nach Seiner Faßon Selich
werden."
Dennoch. Es scheiden sich
die Geister. Wegen des
anderen Satzes, der uns
(auch wegen der unsäglichen
Ufa-Otto-Gebühr-Schnulzen)
ins Hirn geklebt werden
mußte: „Kerle, wollt ihr denn
ewig leben?"
Beim ersten Waffengang vor
Mollwitz am 10. April 1741 ist
jeder vierte aus Eurer Armee

gefallen. Nicht Ihr habt den Sieg über die Österreicher erfochten, das vollendete Feldmarschall Curt Christoph Graf von Schwerin. Ihr habt zitternd und heulend zwölf preußische Meilen davon entfernt in einer Remise gekauert. Nie mochtet Ihr das dem Schwerin verzeihen, daß „er Euch schwach gesehen...". Zwischen Mollwitz und dem letzten Gefecht vor Freiberg am 29. Oktober 1762 liegen einundzwanzigeinhalb Jahre. Millionen habt Ihr elend gemacht, Millionen! Warum nur?

Um die Lande der Mark, dies Preußen, das einst außerhalb des Heiligen Römischen Reiches Deutscher Nation gelegen hatte, neben Frankreich und Österreich zum stählernen Machtfaktor der Alten Welt zu schmieden.

▬▬▬

Sonderbar: Keine der Schlachten habt Ihr in Brandenburg angezettelt. Ihr trugt den Krieg nach draußen. Berlin und Potsdam, seine Menschen, Kirchen, Häuser habt Ihr so geschont. Ein Zufall oder strategische Notwendigkeit?

Zweimal kam der Feind zu friderizianischer Epoche in die Residenz, während Ihr mit Euren Truppen weit weg standet. Der Überfall der Österreicher jedoch sollte zur Schnurre schrumpfen. Am 16. Oktober 1757 war der Husaren-General Andreas Graf Haddik von Futtak durch die Köpenicker Schanzen gesprengt, hatte mit seinen 3400 Mann Berlin im Handstreich genommen und es danach auffallend eilig, sich flugs aus dem Staub zu machen. 215 000 Taler ließ er sich geben und verzichtete darauf, die Residenz einzuäschern. Doch das war nicht sein Hauptanliegen. Der Galan und Draufgänger bestand auf der Darbringung von 24 Paar feinsten weißen Glacéhandschuhen in einem hölzernen Kästchen. Dies Souvenir wollte der Kroate seiner Kaiserin Maria Theresia in Wien vor die Füße legen. Eine Blamage am Ende: Die Berliner hatten ihm lauter Linke reisefertig eingepackt. Kriege zum Lachen? Eine Episode aus blutiger Zeit. Es lag an den Geschichtsschreibern und Geschichtsfälschern, daß das

Nebensächliche, wenn es denn nur rührselig genug war, die Grausamkeiten puderte und schönte.

„Nun danket alle Gott" haben des Nachts in feierlichem Choral die brandenburgischen Soldaten gesungen, als am 5. Dezember 1757 die Schlacht bei Leuthen gewonnen war. Daß aber in nur einem Monat bei Roßbach, bei Breslau und bei Leuthen zwanzigtausend Preußen und zweiunddreißigtausend Österreicher den Tod fanden, wer erzählt uns davon, Majestät? Nein, Ihr konntet bei Eurem Streben und Buhlen nach Macht keine Schwachen dulden. Die Leier, die Ihr einst beiseite gelegt – habt Ihr Euch ihrer nicht mehr erinnert? Alt mußtet Ihr werden, sehr alt, um an die Menschen, an Eure Menschen zu denken. Einem Regiment, das 1758 vor Zorndorf ohne Fortune gewesen ist, hattet Ihr seinen Marsch genommen. Erst anderthalb Jahrzehnte später, da laßt Ihr die Truppe Revue passieren. Vom hohen Roß sagt Ihr es dem General: „Da hat Er seinen Grenadiermarsch wieder; nun ist ja alles gut." Und Ihr habt ge-weint, als Ihr rasch davonge-ritten seid. Daß Ihr, Friedrich der Zweite, der Große zu Lebzeiten schon tituliert wurdet, war kein Fintieren und Fälschen; keine Aktion, die wir heute neudeutsch Public Relations nennen.

———

Ihr bleibt ein Großer.
Nur deshalb, weil aus den klugen Kurfürsten zu Brandenburg kleingeisterliche, großmäulige, hurende, prassende, menschenverachtende, träumende, wahngeplagte Könige von Preußen und Kaiser von Deutschland werden sollten? Ihr habt uns Fragen hinterlassen. An Preußen scheiden sich die Geister. Bis auf den Tag. Und ins Morgen hinein.
Mon roi – die Fragen, die da von Euch aufgeworfen worden sind, kann keiner beantworten, wenn er es ehrlich meint. Manch eine Eurer Entscheidungen, ein Gutteil Eurer Entschlüsse hat Weichen gestellt, die saeculum um saeculum Europa und die Welt in Atem hielten. Preußen als ein Kleinstaat in Deutschland, von der Bedeutung Bayerns oder Württembergs, hätte nicht die Kraft

und den Irrsinn besessen, im zwanzigsten Jahrhundert zweimal die Lunte ins dörre Heu zu werfen.

Längst hatte die Mark, das unbedeutende Kurfürstentum, ein Land der Armen, aber Ehrlichen (man kann auch „ehrlich, weil arm" sagen...), seine Unschuld verloren. Brandenburg – gleichbedeutend längst mit Preußen. Aber wohin die Truppen und die Emissäre ihre Füße auch setzten, in ihrem Wesen blieben sie Märker. Kurfürst von Brandenburg seid Ihr, königliche Hoheit. Ihr trüget den Kurfürstenhut mit Würde und Weisheit, des bin ich sicher, wenn Euer Großvater nicht ebenso würdelos wider alle Wesenszüge seiner Bürger und Bauern verstoßen hätte. Er war alles andere als ein Märker, sondern ein barocker Verschwender. Putzsüchtig wie ein Pfau, vergnügungswütig wie ein Duodezpotentat, genußgierig wie ein Provinzbuffo. Aber raffiniert, das war er auch. Euer König-Sein verdankt Ihr, sein Enkel, Opas Roßtäuscher-List. Der Friedenskontrakt, 1660 im Kloster Oliva bei Danzig besiegelt, hatte der Mark ein Herzogtum abseits seiner Machtzentren zugeschlagen. Dieses Gebiet war verwaist und weit weg für damalige Verkehrslogistik – und hieß Preußen. Aber anstatt diese Art von Kolonie vor sich hin dümpeln zu lassen, versuchte es der umtriebige Kurfürst Friedrich III. wenigstens: Wie wäre es denn mit einem kleinen Handel? Geschäftspartner? Wien. Brandenburg würde bei der Kaiserwahl seine Stimme wieder auf Habsburg setzen und bei Kriegen eine Kleinstarmee von 8000 ganzen Kerlen stellen.

Die Gegenleistung? Eine schöne funkelnde Krone. Die von Preußen. Längst schon in Auftrag gegeben! Ob sehr viele in der Mark Genaueres oder gar Richtiges von der Türkenbelagerung Wiens wußten, darf angezweifelt werden. Aber just den Türken verdanken sie ihren König.

Leopold I., Kaiser in Wien, hatte im Herbst 1683 schon mit dem Rücken zur Wand gestanden. Aus diesem Wissen, daß „zivilisierte" Regimenter gegen die „wilden Horden" gegebenenfalls wieder ihren Nutzen haben könnten, schien ihm jeder Partner recht. Allein der weitsichtige Prinz Eugen schätzte die Dinge anders ein.

Den, der diesen Titelschacher zugelassen, wollte der Aristokrat hängen sehen.

■■■

Noch lächeln die Nachbarn. Sie rümpfen die Nasen; sie nennen diese Dahergelaufenen aus dem hinterwäldlerischen Hohenzollern auch ohne vorgehaltene Hand Parvenüs.

Hand aufs Herz – ein wenig an Peinlichkeit haftet dem Auftreten Eures Ahnen ja an. Nicht mehr länger „nur" der Kurfürst Friedrich III. mochte er sein. Als ein neuer Herrscher sollte ihm auch ein neuer Name gut zu Antlitz und Ansehen stehen: König Friedrich I.

Nachdem er im Troß von 30 000 Pferden in seine Geburtsstadt Königsberg gezogen war, erlebten Adel und Fußvolk nie Dagewesenes: Krone, Zepter, Purpur lagen schon bereit. Im Audienzsaal des Schlosses krönt der Narziß und Potentat sich selbst und in einem Aufwasch gleichermaßen seine Gemahlin Charlotte.

Derartig fein garniert hatten in der Sakristei die Hofprediger Ursinus (der Calvinist) und Sonden (der Lutheraner) die Salbung vorzunehmen. Damit dies auch seine Schicklichkeit habe, waren beide im Hauruckverfahren von Friedrich selbst zu Bischöfen befördert worden.

Fünf Herolde blasen auf den Plätzen Salut, die Ochsen drehen sich an den Spießen, und der Wein fließt aus den Gebinden. Auch ohne Speis und Trank hätte das Volk kein Widerwort riskiert. Seit dem Großen Kurfürsten (spätestens) waren die Spielregeln unmißverständlich verkündet: „Es ist dem Untertanen untersagt, den Maßstab seiner beschränkten Einsicht an die Handlungen der Obrigkeit anzulegen."

Die oberen dreißig im Staat wurden anderweitig abgefunden. Mit einem neuen Orden: dem „Schwarzen Adler" für die „Größten und Edelsten des Hauses und Reiches". Wahlspruch? SUUM CUIQUE. Jedem das Seine...

Auch Ihr, Majestät, zogt

Nutzen aus der eigenmächtigen Krönung. Bei Eurer pompösen Taufe waren Kaiser Karl VI. und Zar Peter I. Paten.

▬▬▬

Das bittere Ende aber blieb Euch erspart. Wilhelm II., der Utopist, erlebte das Zersplittern Eures ebenso stolzen wie zusammengemogelten Imperiums auf reichlich kabaretthafte Weise:
Wir schreiben das Jahr 1918. Und es ist ein neunter November. Ein Datum, an das es sich zu gewöhnten gilt in deutschen Landen... Im Hôtel Britannique im belgischen Kur- und Seniorenparadies Spa haben von sechzehn Generalstabsoffizieren zwölf in offenem Votum ihr Wort gegen die Monarchie erhoben. Hindenburg soll es dem Kaiser sagen. Der kann nicht. Die Stimme... Da erfährt es Wilhelm II. im Château de la Fraineuse von General Wilhelm Groener. Im Gartensaal fällt der Satz: „Eure Majestät haben keine Armee mehr. Das Heer steht nicht mehr hinter Ihnen." Willem Zwo bebt: „Und der Fahneneid?" Groener: „Der ist in solcher Lage eine Fiktion."

Das war es, Friedrich. Kein Allerhöchst mehr, kein Majestät, kein Durchlaucht. Die Mark, Ihre Mark, mein Geschätzter, ist vom Joch der Hohenzollern befreit. Brandenburg zum ersten Mal in seiner Geschichte eine Republik.
Hätten Sie an einer Universität studiert, promoviert gar, so dürften Sie auf Ihre Visitenkarte Dr. Friedrich Hohenzollern setzen. Und Ihre Windspiele trügen nicht das Silberplättchen auf dem Kalbslederband, in das „Au roi" graviert war, sondern eine Hundemarke der Kommunalverwaltung Potsdam. Wie es weiterging mit Wilhelm? Der crèmeweiß-blaue Hofzug stand auf dem Perron bei Spa seit Stunden unter Dampf. Lokomotivführer haben eine angeborene Ader für Komplikationen und Revolutionen. Am 10. November rollt die Garnitur an, der Zeiger der Bahnhofsuhr hopst da auf fünf Uhr und vier Minuten. In Bressoux vor Lüttich steigt der Gestürzte in ein Auto um. Um halb sieben erreicht er samt Eskorte den niederländischen Grenzort Eijsden.

▬▬▬

Der Uniformierte, der vor dem Zollamt Withuis friert, versteht weder Gott noch Welt, geschweige denn den (Nichtmehr-)Kaiser, der ihm voll Pathos seinen Offiziersdegen in die Hand drückt. Dem holländischen Zeitzeugen einer ziemlich trüben Sternstunde der Menschheit fällt nur ein besoldungstypischer Satz ein: „Das Zollamt wird erst um sieben geöffnet." Kein unpassender Satz, um das Kapitel Preußen zuzuklappen.

——

Nun sind sie Republikaner, die Brandenburger. Auf neuen Pfaden müssen sie sich zurechtfinden.
Und viel Zeit bleibt ihnen nicht. Was sie bis zum Januar 1933 an demokratischen Spielregeln gebüffelt und verinnerlicht hatten, dürfen (und müssen) sie dann für tausend Jahre wieder vergessen. Die tausend Jahre dauerten zwar nur deren zwölf. Aber bemerkenswert bleibt, mein lieber Fridericus Rex, der Ihr ja nun (wieder) Herzeigefigur werdet und im Geiste trutzig mitmarschiert, daß Kyffhäuserbund, Stahlhelm und Deutsch-Nationale Volkspartei die Wege planieren, um den Getreuen der NSDAP die Pforten des Exils von Doorn aufzustoßen. Zu Wilhelm II. Dort lebt er, der in Ungnade Gefallene. Sitzt auf einem Sattel an seinem Schreibtisch, hackt Holz, doziert bei Tische, trinkt abends Bier aus Pilsen und freut sich über Besuch aus der Heimat.
Hermann Göring reist an – 1931. Und berichtet von der Bewegung, von der Kraft, die aus dem Volke wüchse, von der Vorsehung, die den Führer auserwählt habe, die Schmach von Versailles zu tilgen.
Das Heer des Kaisers sei doch unbesiegt geblieben im Feld draußen, als allein der Kampf Mann gegen Mann gezählt habe. Die Heimat sei den Tapferen in den Rücken gefallen. Die Matrosen und deren – von wem auch immer gesteuerte – kommunistische Umtriebe. Nun sei die Zeit reif, solches mit der Wurzel zu tilgen. Ein für allemal.
Mein teurer Friedrich: Wir können uns nicht darum herummogeln. Auf Doorn grassiert der Wahn, das Volk

der brandenburgischen Märker, der Preußen und der
Deutschen würde bald wie-
der rufen. Und geweckte
Geister lassen sich nicht wie
Besen in die Ecke befehlen.
August Wilhelm, der viertge-
borene Prinz, von Vater wie
Brüdern nie recht ernst genommen, ein angeblich künst-
lerischer Junge, der so hübsch
malen konnte, versetzte die
Gründergeneration der Nazis
in helles Entzücken. „Auwi"
seit 1929 in der SA. Zehn
Jahre später Obergruppenfüh-
rer. Würde es noch lange
dauern, bis der österreichi-
sche Gefreite die Hohenzollern bat, wieder Platz zu nehmen auf den Thronen im
Stadtschloß und im Neuen
Palais? Kronprinz Wilhelm
schickt ein Geburtstagstele-
gramm: „Sie sind der Führer
unseres Volkes in einer
schweren, aber auch großen
Zeit. In unveränderter Gesin-
nung. Sieg Heil! Ihr Wilhelm."
Dessen Sohn, Prinz Louis
Ferdinand, wird nach dem 20.
Juli 1944 sieben Stunden von
der Gestapo verhört. Es
gelingt ihm, seine Kontakte zu
Goerdeler, Kaiser, Leuschner,
Leber abzustreiten. Noch mal
davongekommen.

Und dann das Wunderwort:
Befreiung! Ein Gänsefüßchen-
wort. Frei kann zum relativen
Begriff werden. Die Branden-
burger mußten es lernen.
Es galt, unter der Sowjeti-
schen Militäradministration in
Deutschland, der SMAD, zu
lavieren. So lange, bis die
Mark ein Teil der jungen
DDR wurde. Werden mußte/
werden durfte. Es bedeutet
das Ende. Vorerst. Am 23. Juli
1952 verlor die Provinz ihre
Kontur. Schmolz ein in den
ersten Arbeiter-und-Bauern-
Staat auf deutschem Boden.
Kein roter Adler mehr im
Schild, sondern Hammer und
Zirkel und Ährenkranz. Auf-
erstanden aus Ruinen…

———

Kartographisch getilgt. Torten-
stückartig zerschnitten in die
Bezirke Neubrandenburg,
Potsdam, Cottbus und Frankfurt (Oder). Die Beschlüsse
der II. Parteikonferenz der
Sozialistischen Einheitspartei
Deutschlands hatten diesem
Flecken voll Ruinen und Not
gut ein Jahrtausend nach dem
ersten zaghaften Aufflammen
von brandenburgischem
Sein und Denken und Fühlen
den Garaus gemacht.

Und wieder mußte eine Formulierung auswendig gelernt werden: „Gestützt auf die Arbeiter und Bauern, die Angehörigen der Intelligenz und auf alle Klassen und Schichten in allen Landesteilen auf dem Weg in ein neues Leben."

Die Unverfrorenheit, expressis verbis den Arbeitern und Bauern mit dieser Stanzparole die Intelligenz abzusprechen, stieß niemandem sauer auf! Lange nicht, ein halbes saeculum fast nicht.

Erst als die Republik wieder einmal zum Feiern ausholte und der unvermeidlich gewordene Erich H. aus dem Saarland zum unvermeidlichen Grußwort ansetzte „eine gute unerschütterliche Grundlage für eine bessere Zukunft...", da hatte die Grundlage ihren Knacks schon weg und war schwer erschüttert. Unzählbar viele Märker drängten sich im Botschaftsgarten von Prag, auf Zeltplätzen in Polen, auf nassen Wiesen an der ungarisch-österreichischen Grenze. Dies Land, aus dem sie im heißen Sommer 1989 weggegangen waren, sollte ihr Land nicht länger sein. So deutsch und so demokratisch es sich auch gab. Selbst das Beste und Rarste, was sie besaßen, ihren Trabant, würden sie stehenlassen an irgendeiner staubigen Straßenkreuzung für ihre Freiheit.

Und nie mehr wollten sie in dieses Brandenburg zurück...

▄▄▄▄

Das Wort „nie", Friedrich. Wir sollten uns hüten, es in den Mund zu nehmen. Es ist ebenso gefährlich wie die Vokabeln „immer" und „ewig". Sie, Herrscher aller Preußen, haben sich mit dem Katte verschworen, und er hat es mit seinem jungen Leben bezahlt. „Ewig" war der Schwur.

Sie haben Voltaire bis zur Selbstverleugnung gefördert und die Tänzerin Barberina geliebt. Sie haben Maria Theresia gehaßt und bewundert und Ihre Ehefrau nach sieben Jahren Trennung mit den Worten gegrüßt: „Madame sind korpulenter geworden!"

Sie haben in der Mark, Ihrer Mark, die Seidenraupenzüchter angesiedelt und die Porzellanmaler, die Tuchfärber und die Dampfmaschinenkonstrukteure. Den Spinnern und

den Webern haben Sie Land
geschenkt und die Steuern
nachgelassen. Sie befahlen,
das Oderbruch und das
Terrain an der Netze zu ent-
wässern und zu meliorieren,
das Brachland vor den Rhino-
wer Bergen zu kultivieren. Es
wurde Kornkammer. Sie
haben die „Tartoffel" (ein
anderes Wort war Ihnen
nicht geläufig) pflanzen lassen,
Münzen gefälscht und Ihrem
als Offizier glücklosen Bruder
August Wilhelm kurz mitge-
teilt, einem Versager wie ihm
sollte man besser den Kopf
zwischen die Beine legen.
Dem brach das Herz...
Ein Weinberg bei Potsdam
mußte Ihnen Fluchtpunkt
werden. Sie, der Menschen-
scheue, gaben Order, daß
kein Weib und kein Pfaff die
Schwelle je überschreiten
dürften. Es wurde eine Flucht
vor Lauten, Spöttern,
Tumben, Schmeichlern.
Das Haus auf dem Weinberg.
Ihr Musikzimmer, in dem Sie
täglich die Flöte spielten, gilt
als Kleinod des Rokokos. Auf
der Terrasse – dies Ihr sehn-
licher Wunsch – solle man
Sie neben Ihren Hunden
betten. Im Laternenschein...
Von den elektronischen

Kameras der öffentlich-rechtli-
chen Fernsehanstalten, den
Offizieren der Bundeswehr,
den Rappen von Grieneisen
und dem starken Mann aus
Oggersheim hatten Sie nichts
gesagt.

▬▬▬

Potsdam ist die Hauptstadt
des Bundeslandes Branden-
burg. Potsdam steht für Geist
und Ungeist, für Befehl und
Gehorsam, für Vorschrift und
Vordruck.
Keiner werfe den ersten
Stein...
Friedrichs des Großen Geist
ist bemüht worden bei jenem
folgenreichen Tag von Pots-
dam im Jahr dreiunddreißig.
Hier Hindenburg, dort Hitler
und der geniale Schlachten-
lenker versunkener Epoche
als Hauptdarsteller mittendrin.
Da hat die Geschichte Ihnen
Unrecht angetan. Ihr Potsdam
ist ein anderes gewesen:
Sie waren nicht dabei,
als Wilhelm II. am Vormittag
des 5. Juli 1914 im Garten
des von Ihnen gebauten
Neuen Palais dem Grafen
Ladislaus von Szögyeni-
Marich, dem Botschafter von
Österreich-Ungarn, die
Pistole auf die Brust setzte,

um dem Rest Europas bei einem déjeuner den Krieg zu erklären. Weil nur so Serbien sterbien würde.

Sie waren nicht in Potsdam, als der Präsident der Vereinigten Staaten von Amerika, Harry S. Truman, in der Kaiserstraße 2 im Landhaus des Verlegers Gustav Müller-Groth den Befehl gab, die Atombombe über zwei japanischen Städten auszuklinken. Sie waren nicht in Potsdam, als die Garnisonkirche durch ein Sprengkommando in Trümmer und Staub fiel. Dieser Geist von Potsdam konnte der Ihre nicht sein.

■

Wohin werden die Menschen, die die Lande der Mark beleben, gehen? Morgen, übermorgen, in der fünften Generation nach uns? Brandenburg als das Scharnier zwischen den Germanen, den Romanen und den Slawen? Polen, das einst in Ihrem Preußen ein Teil der „Neumark" war jenseits von Oder und Neiße, als der wichtigste Nachbar innerhalb der Europäischen Gemeinschaft? Eine Region ohne Zölle und Schranken und Warenbegleitscheine? Blühendes Mitteleuropa ohne den -zigstündigen Lastwagenstau bei Küstrin und Guben? Keine Großkaufhallen von ALDI, vor denen die Busse aus Warschau warten? Lieber Friedrich, bemerken Sie die vielen Fragezeichen? Ich muß Ihnen am Ende doch noch von meinem Großonkel Willi Köppe aus Gralow bei Landsberg/Warthe erzählen. Er war der Stationsvorsteher in Zantoch, und er hatte nächtens darauf zu achten, daß an dem Schnellzug Berlin–Königsberg, der um 23 Uhr 43 passierte, nicht die Bremsen glühten. Erst dann konnte er zu Bett gehen. In dem Haus, das mein Urgroßvater vom Kriegsrat Honig erworben hatte und das samt Herd und Küchengarten noch immer mit windschiefen Fensterläden unter den hohen Himmeln liegt und um das die Bienen summen. Ein Prophet sein? Und die Voraussage wagen, daß in diesem gottvergessenen Strich die ICE und IC und IR und EC-Zugpaare halbstündlich und zweistündlich im Takt die Menschen so miteinander verketten, wie dies zwischen Mailand und München, Basel und Baden-Baden, Straßburg und Frankfurt am Main, zwischen Odense und Flensburg, Innsbruck und Bozen Alltag ist?

■■■■

Flöte ich Ihnen Zukunftsmusik ins Ohr? Dabei ist alles – wahrhaft alles – möglich in dieser Mark. Dort, wo der Große Kurfürst südlich von Linum im Bruch seine Reiter und das Fußvolk scharte in der Legende gewordenen Schlacht bei Fehrbellin und wo er die Schweden aufrieb, dort haben sich die eingenistet, die etwas mit Profit feilhalten, was Ihnen noch vollends unbekannt war. Man nennt es Fast-Food. Das ist nichts Eßbares allein, es ist Daseinskultur besonderer Art. Eine Form moderner Kartoffel, fabrikgenormt in Stäbchen gesägt und in siedendem Fett gegart. Fachausdruck: fritiert.
In Sichtweite zur engelgezierten Siegessäule, die des Brandenburgers und seiner strategischen Genialität gedenkt, ist besagte Lebensphilosophie gepflanzt und großgezogen worden. Gleich neben den grüngelben Zapfsäulen für Diesel, Benzin und Super, jenem Elixier, das die Rosse von heute auf Trab hält. Bleifrei.
An der Feldküche im besagten Linumer Bruch heißt der Potentat dieser Tage McDonald's und McDrive. Nicht Steckrüben, nicht der Kohl und die Kartoffel werden pur aufgetischt, sondern Cheese und Bacon und Ketchup und Whopper. Hot soll es sein und light. Und schnell muß es gehen. Das, was die Ritter der Landstraße auf ihre Plastiktabletts scharen, haben findige Marketingstrategen – wie stilvoll ... – Linumer Brunch genannt. Mein Alter Fritz: Unter Neon werden sie auch Dich noch entdecken. Und Dein Konterfei (samt Rock und Dreispitz) wird von einem Pappbecher staunen, die Welt nicht mehr verstehend. Und drinnen werden Pomm-Fritz sein. Oder Cola, die sie längst Coke nennen und die cool sein muß.
Und der Brandenburger kühnster König, der Unerschrockene – er kann sich nicht wehren.
Allerhöchste Majestät; bitte verzeiht mir.

Barbier
aus Brandenburg

Das alte
Land

Ein Kinderlied, Studentensing-
sang aus Gaudeamus-igitur-
Tagen – mehr nicht. Die Zeilen „Fritze Bollmann kam in'n
Himmel/lieber Petrus laß mir
durch/denn ick bin der Fritze
Bollmann/der Barbier aus
Brandenburch..."
Nur ein Gassenhauer? Oder
doch eine Moritat, die in
ihrem Kern ein bißchen vom
Ernst des Lebens und von
dem Land und seinen Leuten
widerspiegelt?
Dieser Fritze Bollmann ist als
eine Berühmtheit der Stadt
erhalten geblieben. Eine trau-
rige Berühmtheit. Friseurge-
selle und seit dem 1. Januar
1882 „Barbiergeschäftsinha-
ber" in der Mühlentorstraße
17a. Einer, mit dem sich
die kleinen Leute identifizie-
ren konnten. Redlich und
strebsam, obrigkeitsfürchtig
und unverdrossen, Hüter und
Ernährer einer Sippe, in der
die Mägen knurrten.
Es wird nicht Zufall sein am
Ende, daß kein geschniegelter
Prinz, der vom goldenen
Löffel aß, zum Singen
animiert, sondern der
kümmerliche Bartschaber,
dessen einzig kleines Vergnügen es sein darf, auf
dem Beetzsee angeln zu

gehen: „... da drin sitzt
Fritze Bollmann/mit seinem
janzen Kram." So wie die
Brandenburger ihren Fritze
ehrten, so hielten es die
Treuenbrietzener mit dem
Frauenzimmer Sabinchen.
Auch sie nicht die Fee im
Glitzerkleid. Sondern die
Tugendhafte, die stets allein
zu dienen hat. Und die von
dem ehrenwerten Mann
träumt, der bei ihr bleiben
möge – auch wenn er nur
Schuhmacher sein sollte. Es
hat sich – bis heute – viel
erhalten von Bodenständigkeit
und Bescheidensein.
Das alte Land um Branden-
burg als Keimzelle eines Staates, der Weltmächten wie
Österreich, Frankreich und
Schweden die Stirn zu bieten
wagte? Das verblüfft. Und
trotzdem mußte uns die
Geschichte eines Besseren
belehren. Gab es Besonder-
heiten, die die Menschen hier
heraushoben, die sie mächtiger und mutiger machten?
Gewiß: Das Land lag günstig.
Fluß und Strom gingen nahebei ineinander über und
waren dennoch weit genug
entfernt, um von verheeren-
den Überschwemmungen
bewahrt zu bleiben. Die

Der träge Fluß, der Aorta der Mark gewesen ist: die Havel

Geologen, die im Mesozoikum vor 225 Millionen Jahren diese Region zum ersten Mal als einen Teil des Germanischen Beckens ausmachen, finden aus der Älteren Steinzeit brauchbare Spuren. Vor 50 000 Jahren müssen Jäger und Sammler Wälder und Sümpfe durchstreift haben. Aber erst um 4000 vor Christus wird der Mensch seßhaft auf Dauer. Keramiken, Amphoren, Trinkgefäße, Schnurschmuck und Werkzeugfragmente bilden Indizien, daß sich die Bauern und Viehzüchter der Jüngeren Steinzeit aufs Überwintern an einem vertrauten Platz eingerichtet hatten.

Noch ist das Reich namenlos. Wir müssen auf zwei Männer warten. Brenno oder Brando. Wer es tatsächlich gewesen ist – wir wissen es bis heute nicht.

Brenno soll Gallier gewesen sein. Im Jahr 416 vor unserer Zeitrechnung (so vermutet es zumindest der römische Chronist Garcaeus) habe dieser Brenno seine Mitmenschen bestärkt, auf einer vom Wald schützend umschlossenen Flußinsel eine befestigte Siedlung zu errichten. Brenno muß – weshalb auch immer – wohlhabender als die anderen gewesen sein. Er jedenfalls lieferte das Baumaterial. Der slawische Name Brendabor hätte so seine Logik.

Das kann, das muß aber nicht stimmen. Denn siebenhundert Jahre nach Brenno taucht dann der Frankenherzog Brando auf. Ob er, um 300 nach Christus, der Schöpfer von Brandenburg ist? Keiner hat bislang den schlüssigen Beweis vorzeigen können.

Das Reisen zu jener Zeit war beschwerlich und gefahrvoll. Aber die Renditen für die wagemutigen Handelsherren wurden so üppig bemessen, daß sich das Risiko lohnte. Befestigte Pfade durchschnitten das Germanenreich. Handelswege zwischen Brügge und Krakau, Lissabon und Nowgorod. Wer längs dieser Straßen siedelte, konnte etwas abbekommen vom Profit. Die einen Vagaburden gaben freiwillig; bei anderen mußte mit der Keule nachgeholfen werden ...

Hevellerfürst Pribizlaw kann uns um 1100 herum als erster Hausherr des Kernlandes gelten, der klug vorausschauend wohl kalkulierte regionale

Machtpolitik betrieb. Er sicherte seine Pfründe durch Burgen und Wälle. Und er war Realist genug, daß es allemal gescheiter sein dürfte, der „neuen" Lehre vom einzigen Christengott zu folgen als beharrlich an den Heidengötzen von gestern festzuhalten. Der Entschluß des märkischen Wendehalses zu konvertieren, sollte epochale Folgen haben. Denn nicht die Osteuropäer drängten aus dem Raum der heutigen Ukraine über die Elbe westwärts ans Meer, sondern die linksrheinischen Kolonisten schoben sich unerschrocken zur Oder hin. „Kreuz in der Linken, Axt und Spaten in der Rechten..." sagt Theodor Fontane, der uns als der brandenburgischste aller Chronisten unersetzlich wird. Wohl keiner außer ihm hat sich je so hineindenken können in die Seelen seiner Leser. Die Männer, die die Christianisierung vorantrieben, nannten sich die Brüder vom Orden des Cisterz. Bauernmönche, die sich von den Benediktinern getrennt und allein das Schweigen, Fasten, Wachen gelobt hatten. Fromm sein aber hieß nicht, arm bleiben müssen. Ihre Zellen in Kloster Lehnin und Kloster Zinna wurden zu Schaltzentren weltlicher Macht. Nebenbuhler duldeten sie nicht; wir fügten ihnen kein Unrecht zu, schimpften wir sie Immobilienhaie. Dreihundert Quadratkilometer umfaßte ihr Einflußgebiet, in dreiundsechzig Dörfern und auf elf Mühlen wurde zur Kasse gebeten, das Gold in den Kutten versteckt. In Gottes Namen! Staat und Kirche arrangierten sich. Weil es klug war, Macht zu teilen. Die Fürsten gefielen sich als Sponsoren. Erst mit dem Auftauchen der Hohenzollern verschoben sich allmählich die Machtgewichte. Zum Nachteil von Brandenburg wuchsen Spandau, Berlin und Cölln zu Umschlagplätzen heran. Das wird auch sein Gutes haben – die Beschaulichkeit darf sich wieder einnisten. Im alten Land gedeiht Kleinstbürger-Idyll: rackern, ruhen, rasieren. Und sonntags angeln, vom Kahn aus, auf den Wellen des Beetzsees. Wie unser Fritze Bollmann, der Barbier „aus Brandenburch..."

◁ Brandenburg/Havel:
Das historische Herz des
angeblich „neuen" Bundes-
landes: Der Dom auf der
Insel, St. Peter und Paul,
ist das älteste Bauwerk
der Mark, das erhalten
blieb. 1165 war der Grund-
stein für die traditions-
reichste nordische Back-
steinkirche gelegt worden.
Der Böhmische
Altar erinnert an Karl IV.

△ Brandenburg/Havel:
Der Roland vor dem Rat-
haus ist Zeichen von
Wohlstand und damit er-
worbenen bürgerlichen
Rechten. Die Fürsten
hatten – vertrauend auf
Weisheit und Toleranz –
Gerichtsbarkeit und Markt-
hoheit an die Brandenburger
Patrizier abgegeben.
Das Rathaus der Altstadt
datiert von 1470.

△ Brandenburg/Havel:
Der Flecken Parduin war zunächst ein Nachbarort der
Dominsel; erst allmählich
wuchsen die Kerne harmo-
nisch zusammen. Das Zen-
trum der Slawensiedlung
Parduin ist eine Granitkir-
che aus dem 12. Jahrhun-
dert. Um 1475 dann wurde
der Sakralbau zur Gotthard-
kirche erweitert. Die Haube
stammt von 1767.

◁ Pritzerbe:
Am nördlichen Ausläu-
fer des Plauer Sees weitet
sich die Havel zwischen
Premnitz und Pritzerbe
zu einen wild
mäandernden Gewässer.
Hier – wie auch am
benachbarten Beetzsee –
haben die stillen Dörfer
um Möthlitz und Tieckow
scheinbar nichts mitbe-
kommen vom Wandel.

△ Brandenburg/Havel:
Der Bau eines gewaltigen
Stahlwerkes sollte in
der jungen Republik der
Arbeiter und Bauern ein
Zeichen für den unge-
brochenen Aufbaugeist
setzen. 1950 wurde das
Pionierprojekt in Angriff
genommen; nur fünf Monate
später bejubelte die
Partei den ersten Abstich.
Hoffnung keimte im Land.

△ Brandenburg/Havel:
Schon früh wuchs aus
dem Bischofssitz an der
Havel auch ein wichtiger
Handelsplatz, auf dem
die Gutsbesitzer und die
Patrizier (meist) redlich
ihren Profit machten. Die
mächtigen Backstein-
speicher für Saat und Dün-
ger sind in vielen Städten
der Mark Hinweis auf
soliden Ackerbau.

◁ Belzig:
Soviel an Friedfertigkeit und Idylle kann trügen: Die Grenze der Mark lag nahe. Da geriet Belzig zum Zankapfel zwischen Magdeburger Äbten, den Slawen, Askaniern, Sachsen, Preußen. Sogar Weltpolitik sah das Garnisonstädtchen: Napoleon inspizierte hier seine angeschlagenen Truppen.

△ Wiesenburg:
Die Brandts von Lindau, schier allmächtige Gutsherren, ließen aus ihrer im 12. Jahrhundert gefügten Trutzburg um 1570 herum ein Renaissanceschloß bauen, das seine südlichen Einflüsse nie verleugnen konnte und wollte. Der Neorenaissance-Look verfälscht heute leider das Bild etwas.

△ Kloster Lehnin:
Bollwerk eines auf Macht
erpichten und pochenden
kirchlichen und welt-
lichen Reiches: auf den
Fundamenten einer slawi-
schen Kultstätte gegründet.
Seit 1183 wuchs dieses
Lehnin zum Zentrum der
Mark. Die regierenden
Fürsten waren weise (und
gewarnt) genug, um sich
diplomatisch zu arrangieren.

△ Burg Rabenstein:
Conradus de Rauenstein
ist der erste Herr in dem
klobigen Geviert gewesen
– 1251. An der Heerstraße
zwischen dem märkischen
Brandenburg und dem
sächsischen Wittenberg
hatte die Veste eminente
Bedeutung. Alle Macht der
Strategen bleibt vergäng-
lich: Der Rittersaal
verkam zur Scheune!

▷ Burg Eisenhardt:
Sachsenfürst Ernst ließ im
15. Jahrhundert die
niederliegende Wachburg
nahe von Belzig wieder
instand setzen. Unein-
nehmbar, so versprach er, sei
das Bollwerk mit dem
martialischen Namen. Aber
der bleibende Ruhm ist
anderen zu danken. Hier
schlief Martin Luther, und
hier zechte Peter der Große.

Das hanseatische Land

Kling, Pling – Pause. Kling, Pling – Pause. Das rote Licht geht an und aus und an und aus. Eine dralle Frau dreht an der Kurbel... Nostalgie, verkehrshistorisch. Denn die neue Bahn wird es, trotz ihrer 80 Milliarden Schulden, schaffen, eine Unter- oder Überführung oder einen automatischen Halb- oder Vierfünftelbaken zu installieren. Ohne das träge Rotlicht. Und ohne das Kling, Pling. Karstädt. Wo sonst?

Kurt Ebel ist Fernfahrer. Spandauer, der vierunddreißig Jahre auf dem Bock saß, ehe er es jetzt in der Vorrentnerzeit ruhiger angehen läßt. Fernstraße 5, F 5, B 5. Namensgebungssache. Staaken – Horst/Lauenburg. Horst/Lauenburg – Staaken. Vierunddreißig Jahre, zwei Drittel mit sechs Arbeitstagen die Woche, den Rest mit deren fünf. „Ich habe", rechnet er halblaut, „an der Schranke in Karstädt mehr Zeit verbracht als mit meinem ältesten Sohn." In den fünfziger Jahren, als es wenig Luftfracht und keine präzisen Fahrtenschreiber gab und die Wartezeit an den „Zonengrenzen" undefinierbar endlos werden konnte, mußten die Ritter der Landstraße bis zu zwanzig Stunden und mehr am riesigen Lenkrad klemmen. Der Mensch ist (mit und ohne Zonengrenzen) ein Gewohnheitstier: „Hinter Friesack im Wald wurde mal... und an der Karstädter Schranke gefrühstückt". Die Zeit dazu war immer da. Rückschauend betrachtet ist unser moderner Rossebändiger noch gut dran gewesen. Warm und trocken hat er seine Habe über den Handelsweg bugsiert. Und unbehelligt von Wegelagerern schaute er auf dem Weg nach Hamburg vor den runtergelassenen Schranken nach links auf die beiden Gummibäume in der Auslage des Fleischermeisters Kurt Fabianitsch oder nach rechts auf die drei vergilbten Titelblätter aus PRAMO und SIBYLLE, die in der „PGH Salon Yvonne" hinter die Scheibe geklemmt worden waren.

Bei den Fabianitschens sind die Gummibäume in die Veranda ausgelagert; Würste und Konserven füllen das Fenster. Drüben bei Yvonne hat der Gebietsvertreter von Wella, Herr Nowatzky,

Der graue Strom als Schiffahrtsweg und Grenzwall: die Elbe

zugeschlagen und Schau-
stücke plaziert. Und aus der
PGH ist nun eine „Coiffeur
GmbH" geworden.

Das Hinweisschild auf die
VEB Fliesenwerke Kurt Bür-
ger ist weg. Und auch die
Selbstkasteiung, „mit jedem
Gramm Material und jeder
Minute Arbeitszeit vorwärts
zu den Zielen des Parteita-
ges" zu eilen.

In Karstädt durfte man es
nicht eilig haben – die
Schranken mit dem Kling,
Pling...

Wer weiß da, daß es slawische Polaben waren, die
schon im siebenten Jahrhundert durch Fischfang und
Ackerbau ansässig wurden?
Die Dörfer hielten Markttage,
aus den Märkten wuchsen
Städte. Hinter Grabow, exakt
an einem Bächlein mit
Namen Meyn beginnt die
Mark. Die Elbe schmiegt sich
an die Peripherie. Wittenberge ist brandenburgisch,
Havelberg liegt heute (fast)
an der Grenze.

Kyritz, Wittstock, Wusterhausen, Pritzwalk, Meyenburg –
allesamt gegen Einfälle gesi-
cherte Flecken, die von der
verkehrsgünstigen Lage zwischen Salzwedel, Lüneburg

und Hamburg und Stralsund,
Stettin und Danzig ihren Nutzen zogen. Die Ratsherren
von Perleberg versprachen
sich Profit vom Ankauf eines
Flüßchens, der Stepenitz. Der
schon um 1300 erarbeitete
Plan war ehrgeizig: dieses
Gewässer so auszubauen,
daß es von den Fährleuten
genutzt werden könnte. Dies
sollte Handelsströme der
Hanse hierher lenken. Eine
Rechnung, die aufgegangen
ist. 1359 wird Perleberg zum
Hansetag nach Rostock ein-
geladen. Wo Geld ist, kommt
Geld zu. Johannes Gans, der
Adelsherr, muß sich von den
betuchten Patriziern das Wasser abgraben lassen. Die er-
ringen Zollfreiheiten und
Monopole, bekommen eine
Art früher Subvention für
Bier und Salz und Wein,
müssen aufs Korn keine
Steuer bezahlen und dür-
fen selbst richten: Blut- und
Halsgerichtsbarkeit werden
nicht mehr beeinflußt.

Das hanseatische Land zeigt
seinen Wohlstand ungeniert.
Reichsein und es den Fahren-
den, die da kommen, mittei-
len, heißt Denkmäler aufrich-
ten und Kirchen fügen. In
Perleberg wacht der fast

sechs Meter hohe Roland seit 1546; in Pritzwalk ist die Stadtkirche St. Nikolai und St. Marien einer der mächtigsten Sakralbauten des Landes; in Kyritz lag genug Gold in den Truhen, um sich die Altäre in Bayern schnitzen zu lassen. In Freyenstein steht das alte Schloß, für das Niederländer den kunstvollen Erker- und Giebelschmuck schufen.

Am Ende aber blieb dieser Reichtum auch nur Episode. Der Dreißigjährige Krieg schwemmte die Legionäre ins Land. Später kamen die Regimenter von Napoleon Bonaparte.

Und keiner sah einen Grund, schonend umzugehen mit den wehrlos Gewordenen. Die Kämmerer Schulze und Kersten zu Kyritz waren wegen angeblicher „Unrechtmäßigkeiten" nach kurzem Prozeß erschossen worden. Davon, daß man ihnen einen Gedenkstein meißelte und nach dem Sieg in der Völkerschlacht vier Eichen auf den Marktplatz pflanzte, wurden sie nicht wieder lebendig. Eine der Eichen trutzte allen noch folgenden Siegen und Niederlagen. Als „Friedenseiche" steht sie im Kern der Kleinstadt.

Der Aufschwung ließ auf sich warten. Das mit der Hanse – nostalgische Historie. Der Marktplatz zu Perleberg ist längst nicht mehr die Warenbörse für Braunschweigische und Kurländer. Vorbei! Statt dessen ein Open-air-Basar. Für Roßtäuscher und Bierpanscher, die Fischer, die Förster, das fahrend' Volk. Rauh die Sitten und alles andere als hochherrschaftlich der Umgangston. Da muß flugs ein Gesetz her, und es besagt: „Wer bey falschem Maße, sey es beym Bier, der Waage oder welcher Sach' auch immer entdeckt wird, der büße mit drei Mark Salzwedelscher Münze."

Dem Genossen Wilhelm Pieck bleibt es vorbehalten, am 2. September 1945 in einem Wirtshaussaal zu Kyritz die demokratische Bodenreform auszurufen. Da ging der letzte der verhaßten Junker fort. Auf dem Treck ins Niedersächsische konnte er von keinem mehr aufgehalten werden. Es sei denn von der Frau mit der Reichsbahnkurbel, die mit preußischer Zuverlässigkeit das Rad drehte.

Kling, Pling. Kling, Pling.

△ Wittenberge/Elbe:
Reiche Mühlenbesitzer, die
ihre Speicher am Strom
hatten, setzten durch,
daß die Bahnlinie Berlin–
Hamburg nicht über Perle-
berg, sondern Wittenberge
trassiert werden mußte.
Die neue Brücke über den
Fluß wurde 1987 fertig
und war größte Eisenbahn-
brücke der DDR: ein soge-
nanntes Strebenfachwerk.

△ Pritzwalk:
Die Lage an der Straße
Magdeburg/Stettin war mit
ausschlaggebend, daß
Pritzwalk zu einer Hanse-
stadt heranwuchs. Der Ge-
treidehandel aus der Prig-
nitzer Landschaft und den
mecklenburgischen Korn-
kammern mehrte den Wohl-
stand der ohnehin Begü-
terten. Die gewaltige
Hallenkirche beweist es.

△ Wusterhausen:
Die starke Gilde ehrsamer
Schuhmacher verhalf dem
schläfrigen Wusterhausen
zu bescheidenem Ruhm
im nahen Umland. Und als
sich auch noch 1856 die
Pantoffelmacher in die
Innung einreihten, trug das
Fleckchen den Spottnamen
„Schusterhausen" zum Trotz
mit wenig verhohlenem
Stolz. Beim Leisten bleibend.

65

◁ Die Prignitz:
„Ich gestehe, daß, Libyen
ausgenommen, wenige
Staaten sich rühmen können,
es uns an Sand gleichzutun;
indessen machen wir doch
in diesem Jahr 77 000
Morgen zu Wiesen", schrieb
Friedrich an Voltaire.
Auch die leuchtend gelben
Rapsfelder im Mai sind
Zeichen für den Fleiß der
märkischen Bauern.

△ Stolpe:
Eine der noch unberührten
Landschaften Brandenburgs
weitet sich im Osten von
Kyritz bis zur Ruppiner
Heide hin; die stillen Seen
mit ihren Stränden, die
nördlich von Wusterhausen
liegen, nähren (wie hier
bei Stolpe) die Hoffnung
auf einen „sanften"
Tourismus, der die Natur
achtet und schont.

△ Bork:
Über mehr als zwanzig
Kilometer zieht sich
zwischen Herzsprung und
Wusterhausen die Kyritzer
Seenkette von Nord nach
Süd. Der Beweis, daß hier
entlang der Dosse ein
mächtiges Urstromtal lag.
Bork als eine der für die
Prignitz typischen Sied-
lungen ist eine slawische
Gründung gewesen.

△ Perleberg:
Das Zentrum der Prignitz:
Die Stadt mit ihren
heute etwa 15 000 Einwoh-
nern pocht auf Historie.
Die Würde einer Hanse-
stadt hob den Marktplatz
heraus unter anderen. Die
mächtige Hallenkirche
von St. Jakob, das Rathaus
und der Roland sind
noch stumme Zeugen
eines privilegierten Seins.

▷ Wittstock:
Das den Platz beherrschen-
de Rathaus mit seinem
Treppengiebel hat eine be-
bewegte Geschichte: Feuer,
Stürme und ein Erdbeben
setzten ihm zu. Und auch
die Pest suchte Wittstocks
Bürger heim. Pech
ohne Ende: 1954 brannte
das Rathaus wieder ab.
Agenten oder Saboteure
sollen es gewesen sein.

◁ Wittstock:
An den Ufern des trä-
gen Flüßchens Dosse
siedelten vor etwa
achthundert Jahren die
Havelberger Bischöfe. Drei
Stadttore und eine dicke
Wallanlage sicherten den
Schläfern von Wittstock
ihre verdiente Nachtruhe.
Der Stadtbrand von 1716
legte zwar fast alle Häuser
in Schutt, die Mauer blieb.

△ Kyritz:
Selbst ortskundige Bran-
denburger können in Streit
geraten, ob Kyritz denn
nun tatsächlich an der
Knatter läge. Nein! Das
Gewässer heißt Jäglitz, die
ominöse Knatter gibt es
weit und breit nicht. Die
Marienkirche und schöne
Fachwerkhäuser sind trotz
aller Kriegsnarben
Anzeichen für Tradition.

△ Perleberg:
Die Meister der alten
Handwerkszünfte und die
Besitzer großer Güter
wuchsen allmählich in die
Rolle des Patrizier-Tums.
Mehr und mehr schälte
sich Perlebergs Rolle als
eine Art Warenbörse
heraus. Solide Bürgerpalä-
ste blieben – trotz aller
Stürme – bis heute zur
Erinnerung bewahrt.

Leberwurst
für Majestät

Das friderizianische Land

Von den drei real existierenden Nobilitäten des sozialistischen Kurstädtchens ist Helmut Lehmann durch den Rost gerutscht.
Bleiben also nur noch Friedrich II. und Kurt Tucholsky. Dabei war Lehmann über längere Zeit der klare Favorit; zumal in Jahren, da sogar der große Preuße wegen seines fraglos kapitalistischen Lebensstils und seiner imperialistischen Eroberungspolitik diskret totgeschwiegen wurde. Die Folge? Ein königliches Märchenschloß, geziert vom gutbürgerlichen Allerweltsnamen Lehmann!
Lehmann? Ja, Lehmann. Wer zuckerkrank und rheinsbergwürdig, ging täglich an dem Schild neben dem gut bewachten Portal vorbei. Diabetiker hatten es (ausnahmsweise) besser und durften wissen, was denn nun aus des einstigen Kronprinzen Sommerresidenz geworden war. Und Genosse Lehmann hatte sich als herausragender Planer der DDR-Sozialversicherung um die Gemeinschaft der Maladen so verdient gemacht, daß nach dessen Ableben die Rehabilitationsanstalt 1959 seinen Namen honoris causa bekam. Wen wollte es stören, daß Herr Lehmann nicht an einem Insulinschock, sondern an einem Herzinfarkt verblich? Friedrich, der in den Rheinsberger Jahren mit seiner jungen Frau Tage verlebte, die er als die schönsten seines Daseins bezeichnete, und der als Schwärmer und Philosoph davon träumte, auf der Remusinsel im See sein würdiges Ende zu finden, hatte mit Knobelsdorffs Hilfe das verwunschene Jagdschloß zu einer eleganten Dienstvilla eines angehenden Monarchen renovieren lassen. Viel von dem Feinsinn ist bis zur Stunde spürbar, da die Restauratoren quadratzentimeterweise Schicht um Schicht von Farbe und Spur um Spur von Vergangenheit freilegen. Zehn Jahre – schätzen sie – werden sie (mindestens) noch zu tun haben. Goldener Boden fürs heimische Handwerk.
Rheinsberg für den Normalverbraucher aber dankt die Nachwelt (selbst dann, wenn sie auf literarischer Sparflamme köchelt) dem unverbesserlichen Spötter Kurt Tucholsky.

Der Norden der Mark, von den Pommern geprägt: Fürstenberg

Im August 1911 hatte er mit seiner Freundin, der angehenden Ärztin Else Weil, (später heirateten die beiden, um sich wegen vieler Affären ebenso schnell wieder scheiden zu lassen) einige Liebesurlaubstage in Rheinsberg verbracht.

Die Miniatur, der erste ernst zu nehmende Novellenversuch des gerade einmal Einundzwanzigjährigen, geriet in ihrer poetischen Liebenswürdigkeit und porenreinen Studentenerotik zum Muß für alle, die von Amor treffsicher erwischt worden waren. Das „Bilderbuch für Verliebte" ist zu herzig, um Puritaner die Frage stellen zu lassen, weshalb Claire und Wölfchen im Doppelzimmer die Zahnputzbecher nebeneinander stellen durften. Ohne Ehering! Und jeder, der von der Station in Köpernitz erfahren, auf dem die Bauersfrau „sich vermittels ihres zweiten Unterrocks" geschneuzt hatte, will wissen, ob es den Bahnhof noch heute gibt.

Ja! Verwunschen, vergessen, verträumt. Wie immer hält die Bahn auf letzter Station vor Rheinsberg/Mark. Wie immer gibt es nahebei das winzige Gutshaus, in dem eine schillernde Figur der Gesellschaft des hohenzollernschen Umfeldes lebte. Fontane hat sie uns als „Tante Amélie" in seinem Roman „Vor dem Sturm" erhalten. Gräfin Karoline Amélie La Roche-Aymon verbirgt sich hinter ihr. Sie war vermählt mit dem Adjutanten von Friedrichs Bruder Prinz Heinrich, erbte von Heinrich dann auch das Gut Köpernitz und soll (ein unausrottbares Ondit) König Friedrich Wilhelm IV. „mehr als zugeneigt gewesen sein".

Verbrieft aber über die Liaison von Köpernitz ist nur, daß Majestät bei den Herbstausflügen ins Ruppiner Land stets bei „Tante Amélie" haltmachen und die Rosse ausspannen ließ. Aus (angeblichen) Schäferstündchen waren anregende Plauderstunden geworden; ein hocharistokratisches „Weißt du noch ...?"

Wer weiß es noch, daß im Wald abseits von Köpernitz ein Friedhof unter krummen Kiefern versteckt ist? Kein Kirchturm kann den Weg dorthin zeigen: Köpernitz hatte nie eine eigene Kirche.

Feldsteine, von Moos umwuchert, liegen wie schützend um das Stückchen stilles Land. Hinten zum Abhang hin die alten Stelen, verwittert; mehr Rost als Eisen an den Kreuzen. Vorn am geharkten Weg ein paar Hügel, die jetzt erst gehäuft wurden. Schnittblumen in einem Rotkohlglas von Hengstenberg Mildessa. Westimport.

Da steht das Marmorkreuz. Schwer nur ist der Name noch zu entziffern. Hier ruht die L(i)ebedame. Fontane hat auch berichtet, daß ihre Hausmacherblut- und Leberwürste von einmaliger Würze gewesen sein sollen. War die Glut zum Landesvater an ihrem unerotischen Ende ein Bratkartoffelverhältnis?

Ob der König – in geistigem Dunkel zwei Jahre nach ihr gestorben – sie tatsächlich je geliebt hat?

Ein Geheimnis bis ins Grab; er ruht in seinem Sarkophag in der Gruft der Friedenskirche am Grünen Gitter vor Sanssouci. An der Seite seiner Ehefrau Elisabeth. Und ein Engel wacht.

Es gibt da noch ein Geheimnis. Die Jünger Tucholskys werden auf Anhieb wissen, welches nur gemeint sein kann: Was war drin in dem Paket für Clairchen? Für sie, die so kokett-neugierig bohrte und die Überraschung dann doch im Hotel stehenließ?

Nur eine kann wohl Antwort wissen. Anita Förster aus der Tucholsky-Buchhandlung in der Schloßstraße von Rheinsberg. War also, Frau Förster, im Paket ein bauchiger Henkeltopf? Das erste Stück für den gemeinsamen Haushalt? Das anfaßbare Souvenir einer unsterblichen Liebe, die auf die frische Kuhmilch zum Frühstück nicht verzichten kann? „Ich weiß es nicht...", schmunzelt die Expertin. Und sie will anfangen zu orakeln: „Da aber immerhin..." Doch ausgerechnet jetzt klingelt schnöde das von der Telekom neu installierte Gerät (Rufnummer 21 34) und unterbricht die Pythia zwischen Konsalik und Kochkurs für Figurbewußte. Weg ist sie.

Ein dicker Milchtopf?
Unaussprechlich Frivoles?
Ein blutroter Kußmund auf der Visitenkarte?
Das Geheimnis bleibt bewahrt. Wie schön für Verliebte aus dem Bilderbuch.

◁ Fürstenberg/Havel: Röblinsee, Schwedtsee und Bahlensee umschlossen dieses Dorf, das um die Jahrtausendwende in adeligem Besitz war. Weitgehend verfallen, wurde die Veste später überbaut. Christoph Loewe baute als Schloß eine Dreiflügelanlage über zwei Geschosse (rechts).

△ Rheinsberg: Friedrichs frühes Refugium ist ein kleines architektonisches Juwel der Mark Brandenburg. Der Ehrenhof zwischen den Türmen versperrt nicht den Blick auf die Terrassen am Grienericksee. Prinz Heinrich errichtete den Obelisken als Ehrung für seinen unglücklichen Bruder August-Wilhelm.

△ Rheinsberg:
Friedrich war zur Strafe in
die Provinz abkomman-
diert worden. Er nutzte die
Disziplinierung auf eine
typische Weise: Georg von
Knobelsdorff und Antoine
Pesne wurden ihm zu den
Schöpfern von „seinem"
Schloß bei Rheinsberg.
Genial machten sie aus der
Bredow'schen Wasserburg
ein Kleinod.

◁ Ruppiner Land:
Smaragdfarben liegt der
Seenfächer zwischen den
Feldern: Wummsee, Zech-
liner See, Zootzensee und
der Stechlin. Ein slawi-
sches Wort, das Glas
bedeutet; und das auch
für Tiefe, Magie und Unbe-
rechenbarkeit stehen kann.
Die Welt in Buchen und
Kiefern und ihre Menschen
hat Fontane beschrieben.

△ Zehdenick:
Die Stadt ist eine
Siedlung der Askanier.
Bis zur Reformation
dominierten die
Zisterzienser, danach
wurde das Kloster ein
Damenstift. Kirche und
Rathaus blieben erhalten.
Um den traditionsrei-
chen Kern herum
wucherten reine Zweck-
bauten.

▷ Strubensee:
Eine Vielzahl kleiner Dörfer um Lindow war im
Besitz derer von Wartens-
leben. Den Grafen (und
den von Groebens in der
Nachbarschaft) gehörten
Seebeck und Viellitz und
auch der Strubensee. Ein
noch Wohlhabenderer
wurde am (guten?) Ende
neuer Herr: Prinz Heinrich,
der Bruder des Alten Fritz.

△ Fürstenberg/Havel:
Als Witwensitz für die
Herzogin Dorothea Sophia
von Mecklenburg war
das Schloß in der Mitte
des 18. Jahrhunderts
gebaut worden. Schon vor
dem Ersten Weltkrieg
wurde die Anlage in ein
Krankenhaus umgewandelt.
Kunsthistorisch bedeutend
sind innen die Stuck-
verzierungen der Decke.

△ Neuruppin:
Ein kleines Schachbrett-
Städtchen wie aus einem
großen Steinbaukasten.
Nach dem Feuer von 1787
ließ Friedrich Wilhelm II.
die zu zwei Dritteln ein-
geäscherte Provinzstadt
von Bernhard Brasch plan-
mäßig in barockem Karree
errichten. Das hat
Neuruppin bis heute
unvergleichlich geprägt.

◁ Gransee:
Mit Türmen, Toren, kleinen
Bürgerhäusern hinter
der Stadtmauer, dem bunten
Markttreiben und gemüt-
lichen Kneipen hat sich
Gransee, die Ackerbürger-
stadt, Reiz und Fluidum
bewahren können. Ein Muß
bei jedem Sonntagsaus-
flug: Schinkels Monument
zu Ehren der Königin
Luise von Preußen.

△ Ruppiner Schweiz:
Der Gudelacksee im Osten
von Alt Ruppin. Den Gra-
fen von Lindow gehörte
einst das Land, soweit das
Auge reichte. Es ist jener
Strich in Preußen, der unter
dem Einfluß der Junker
stand. Die Kornkammer
eines Staates, der Brot für
sein Heer brauchte. Fon-
tane hat im „Stechlin" viel
davon für uns bewahrt.

△ Lindow:
An der Peripherie von
Berlin wird es das ver-
träumte Lindow sicher viel
leichter haben als andere
Kleinstädte, um Tagesaus-
flügler (und zahlungskräftige
Kundschaft) anzulocken.
Unmittelbar am Ortsrand
beginnt ein Naherholungsge-
biet. Es ist erschlossen und
beschildert. Ordnung muß
sein im Wald!

△ Lychen:
Den schwer erklärbaren
Reiz, schon immer etwas
Besseres gewesen zu sein,
hat Lychen (auch in Tagen
des Sozialismus) nie ganz
abgelegt. Die zentrale Lage
an Wurlsee, Oberpfulsee,
Zenssee, Stadtsee und
Großem Lychensee mach-
ten den 800 Jahre alten Ort
zu einem beliebten Anzie-
hungspunkt für Berliner.

Sommer
im Luch

Das kurfürstliche Land

Frühsommertage... In Linum brüten die Störche, und die Sprühwagen rollen schwankend über die gelben Felder. Die Sonntagnachmittagsbesucher hören in der Backsteinkirche mit dem niederländischen Treppengiebel der zerbrechlich scheinenden und dennoch resoluten Dame mit dem millimeterexakt sitzenden Diakonissenhäubchen zu. „Kurfürstliches Land" sei dies, sagt Anneliese Wilcke, und ein „Strich in Preußen, der immer stark niederländisch beeinflußt" gewesen.

Der Große Kurfürst, erzogen in Leyden, ein Humanist und so anders als sein dumpfer Vater, wußte, wie wichtig und befruchtend der Einfluß des mächtigen Nachbarn im Westen war.

Die Mähdrescher da draußen, deren Klappern und Surren auch festtags zu vernehmen ist, gehören Anno 1993 einem Nahrungsmittelkonzern, der in Amsterdam residiert.

Sommertage... In Oranienburg hält Anno 1655 Friedrich Wilhelm Einzug im Schloß, das Johann Gregor Memhardt, der Baumeister des Stadtwalles um die Residenz Berlin, entwarf.

Das noble Landhaus wird Oranienburg heißen von nun an. Ehre und Dank an Luise Henriette, die Gemahlin. Viel an Symbolik ist darin. Denn seine Braut hatte der Brandenburger sich – offenkundig gegen den Widerstand seines Vaters – aus dem Hause Oranien in den Niederlanden geholt.

Sommertage... Im Luch südlich von Hakenberg im Ländchen Bellin stellt die Armee des Kurfürsten Friedrich Wilhelm die Rosse und die Reiter der Schweden. Deren Kohorten scheinen unbezwingbar. Die Eindringlinge stärken ihre Reihen mit nie versiegendem Nachschub.

Das Geld aus den Kassen der Franzosen macht es möglich. Der Kardinal Richelieu, Purist der römisch-katholischen Heilslehre, bezahlt die Protestanten. Politik.

Der Fall von Berlin, so wissen es die Militärattachés, würde eine Frage der Zeit sein. Im Herbst wollen die Schweden schon das Winterquartier an der Spree beziehen. Wer sollte sie hindern? Der Brandenburger? Lächerlich!

Der Kurfürst hat den Prinzen von Homburg an seiner Seite.

Der Große Kurfürst als Bauherr: Friedrich Wilhelms Oranienburg

Ein erstes Kräftemessen am 25. Juni nahe Rathenow hätte die Okkupanten warnen müssen.

Es kam anders:

Am 28. Juni 1675 zieht sich der Kurfürst bei Hakenberg schier widersinnig zurück, weicht aus, wartet weiter westlich ab. Weshalb? Als die Fremden es bemerken, ist es zu spät. Er hat ihren Troß in den Morast gelockt. Hat sie in die Sümpfe gezogen. Störche steigen verschreckt hoch. Die Attacke – auch nach Frobens Tod – fürchterlich. 16 000 Schweden unter ihrem Admiral Carl Gustav Wrangel Graf von Salmis sind in eine Falle getappt; der „olle Derfflinger", ein Reichsfreiherr und brandenburgischer Generalfeldmarschall der Kavallerie, erwarb sich unauslöschliche Meriten. Fußnote: Georg von Derfflinger war als Kind so schwächlich und träge, daß er, Sohn eines niederösterreichischen Weinbauern, eine Lehre als Schneider beginnen mußte. Vergessen – nach der Schlacht bei Fehrbellin.

Sommertage... SS-Leute haben im August 1936 das Kommando über das Konzentrationslager Sachsenhausen übernommen, das „als mustergültige Einrichtung" die Baracken, in denen das alte KZ östlich von Oranienburg untergebracht war, ersetzen soll. „Arbeit macht frei" ist auf dem Portal zu lesen, im NS-Sprachgebrauch handelt es sich um ein „Schutzhaftlager" für zehntausend Internierte.

Sommertage... Im August 1936 marschiert die Jugend der Welt mit erhobenem rechten Arm auf der Aschenbahn des Reichssportfeldes unter der Tribüne des Führers vorbei.

Sommertage... Es wütet der Krieg, und alle Schranken sind gefallen. Auf der „Schuhprüfstrecke" des Lagers bei Oranienburg müssen Gepeinigte in sengender Hitze mit überschwerem Marschgepäck vierzig Kilometer über Schotter, Kies, Scherben, Beton laufen, um einen „Sohlenabriebgroßversuch" zu ermöglichen.

In den Krankentrakt werden andere bald Katakomben wühlen, um einen weißgefliesten Leichenkeller zu bauen; in Station Z ist eine Massenvernichtungsanlage entstanden, in der 1941 fast zwanzigtausend sowjetische Kriegsge-

fangene den Tod finden.
Sommertage... Die Befreier
der Sowjetischen Militäradministration in Deutschland ent-
scheiden im August 1945,
inhaftierte Deutsche ins ehe-
malige Lager Sachsenhausen
zu verlegen. Denen werden
faschistische Umtriebe, Spio-
nage, Verbrechen gegen die
Menschlichkeit, aber auch
Konterrevolution und Frakti-
onsbildung zur Last gelegt.
Das NKWD führt das
einstige KZ nun aber amtlich
unter dem Kürzel „Nr. 7".
Bis ins Jetzt hinein zieht sich
der Disput, ob es denn eine
gemeinsame Stätte des Ge-
denkens geben dürfe, in der
Terror der einen und Rache
der anderen allen Kommen-
den als mahnendes und
erschütterndes Menetekel an
die Wand gepinselt werden.
Denn erst nach der Wende
wagten sich Wissende wieder
an die Wahrheit, verrieten,
was sie ein halbes Leben lang
angstvoll verschwiegen: Es
gab Massengräber, die sie
selbst geschaufelt hatten für
die Leidensgenossen.
Im Schmachtenhagener Forst,
anderswo im Umland kam
die Vergangenheit Spatenstich
um Spatenstich an den Tag.

Die Sowjets hatten Block-
warte und Mörder, Werwölfe
und Tagediebe, Prediger und
Querulanten unter die Barak-
kendächer gepfercht. Sie
waren nicht sonderlich wähle-
risch dabei: So sahen sich
Menschen eingesperrt, die
unter der Knute der SS gelit-
ten hatten, die zu den gerade
einmal dreitausend jämmerli-
chen Kreaturen zählten, die
die Hölle überleben durften.
In „Nr. 7" zerfielen nun wieder Hoffnung oder Illusion –
zwischen 1945 und 1950 sollen fast dreißigtausend Häft-
linge gestorben sein. Den Angehörigen zu schwachem Trost:
eines „natürlichen" Todes.
Sommertage... In Linum fallen die Tagesausflügler ein.
„Storchendorf" nennt sich der
Ort an der langen Chaussee;
und der Preis fürs Kilo Zuchtfisch schwankt: mittwochs
wird weniger verlangt als
sonntags.
Spätsommertage... Die meisten Störche sind mit ihrer
Brut gegangen. Die Ernte ist
verkauft, die Tagesausflügler
in Berlin haben versprochen,
kurz vor Weihnachten noch
mal zu kommen – wegen der
Karpfen. Dann sind sie fett;
die Karpfen.

◁ Fehrbellin:
Eines der vielen märkischen Kuriosa: Die Schlacht bei Fehrbellin hat nicht dort, sondern östlich, bei Hakenberg, den Großen Kurfürsten legendär werden lassen. Der Regent und sein Vasall Derfflinger lockten die Reiter der Schweden in eine tödliche Falle. Die Viktoria wacht über dem „Feld der Ehre".

△ Kremmen:
Der Ehrenfriedhof der Roten Armee, ein Backsteinbahnhof und der Marktplatz: auf einen ersten Blick hat Kremmen nicht viel an Sehenswertem zu bieten. Das Kleinod aber findet sich in der spätgotischen Gewölbekirche von St. Nikolai: der Altar. Geschnitzt von Kremmens Bürgermeister Clemens Colas.

△ Bernau:
Der Kampf um Berlin hatte
tiefe Wunden gerissen,
die geschichtsträchtige
Stadt lag nach der Kapitu-
lation in Schutt und Asche.
So muß sich das wenige
Alte mit dem vielen an
Neuem mischen. Sehens-
wert blieben Marienkirche,
das Henkershaus mit den
drei Raben über der Tür
und das Wirtshaus Adler.

△ Summter See:
Stille, unbekannte,
wie verwunschen und ver-
gessen daliegende Welt;
ein märkischer See,
von Schilf umschlossen und
keines Menschen Seele.
Dabei ist der Summter
See nördlich von Pankow
nur eine knappe halbe
Autostunde vom Kudamm
entfernt. Nur wenige
dort aber wissen von ihm.

△ Schloß Dammsmühle:
Historie im Zeitraffer –
auch im Besitzerwechsel
dieses Wasserschlosses nahe
von Mühlenbeck nachzu-
erzählen: Der erste Haus-
herr war der Große Kur-
fürst. Es folgten ein Müller,
der Fabrikant Damm,
der Verschwender Wollank,
der Jude Hart, Himmler,
die Rote Armee, Mielke
und die Treuhand …

◁ Wandlitzer See:
Eine Stimmung, die sich
nur von dem so unnachahm-
lich fassen läßt, der buch-
stäblich auf Flügeln gleitet...
Den „Irdischen dort unten"
muß vom fast Mystischen
eines solchen Blicks auf den
Wandlitzer See das meiste
entgehen. Und wer will bei
solchem Licht bedenken,
welche Bedeutung Wandlitz
einmal hatte...

△ Hennigsdorf:
Östlich von Spandau wuch-
sen in Gründerjahren bei
Groß-Berlin neue Zentren
der Massenproduktion.
So wurde aus Hennigsdorf
ein Industriestandort, in
dem später Lokomotiven
und Flugzeuge entstanden.
Die Hennigsdorfer galten
als streitbar. Sie brachen
zum Marsch nach Berlin
auf – am 17. Juni 1953...

△ Sachsenhausen:
Das Mahnen und das Erinnern
an eine Tragödie in der
Geschichte der Deutschen:
Sachsenhausen.
In dem KZ haben unter der
Barbarei der SS hundert-
tausend Menschen sterben
müssen. Weil sie von an-
derer Rasse waren, weil sie
Ausländer gewesen sind,
und weil sie nicht dachten
wie die Masse Mensch.

109

◁ Linum:
Ein typisches Straßendorf
in der Mark. Die Backsteinkirche mit dem verschnör-
kelten Treppengiebel und
der Krone wurde unter
dem Großen Kurfür-
sten gebaut – davor das
Mahnmal für die Gefallenen
der Kriege. An der Chaussee
das Rathaus und Gasthöfe.
Und hintenraus die Felder
und die Fischteiche.

△ Oranienburg:
Der Lehnitzsee vor
Oranienburg gaukelt Idylle
vor. Doch die Stadt im
Hintergrund lebte nicht
von der Agrarwirtschaft;
sie war ein wichtiges
(später: kriegswichtiges)
Zentrum der chemischen
Industrie. Streng geheim
liefen hier Experimente
zur Aufbereitung von Uran-
Erzen für die „Bombe".

△ Nauen:
All jenen so vertraut,
die sich freitags auf der
Fernstraße 5 in Richtung
Ostsee aufgemacht hatten.
Im Transit – wie das
„damals" hieß... Der
Verfall der winkligen Altstadt wirkt noch besorgnis-
erregend. Aber dank
der Berlin-Nähe und ge-
werblicher Investitionen ist
der Fortschritt spürbar.

Ehrenbürger
oder Brandstifter?

Das schwedische Land

Ihr Platt hat beinahe etwas Kaschubisches. Als sei sie eine Grass'sche Figur, singt sie – zahnarm – ihre einfache Sprache. Dort, wo sie auf den Bus wartet, zwischen Schmölln und Storkow (das nahe Penkun liegt schon im Bundesland Mecklenburg-Vorpommern), sind die Menschen in ihren Seelen dem weiten Küstenland näher als dem grellen Berlin.
Irgendwo hat ein Wegweiser noch verraten, daß die „Hauptstadt der DDR" (neue Schilder braucht das Land ...) 115 Kilometer weit weg sei. Aber das ist eine Dimension, die Friede Bose wie eine astronomische Maßeinheit vorkommt. Frau Bose will nach Prenzlau. Per Bus. Der aber ist weg, hatte Verfrühung. Ein nächster käme in vier Stunden. Bei allem grundgesunden Mißtrauen Neuem, Fremdem und Nichthiesigem gegenüber hält die dralle Zuspätgekommene den Automibilisten, die passieren, ihren Daumen hin. Trotz scheinbarer Massenmotorisierung fahren hier oben hart am Pommerschen spätvormittags nicht viele über die aufschwungostsanierten Straßen.

So steigt sie in den Jeep, dem wegen der Frühsommerwärme schon das Dach fehlt, und verkneift sich höflich das „Ach Jottchen...", das ihr vermutlich auf den Lippen liegt. Die Schweigsame taut mit jedem halben Kilometer merkbar auf. Erst sagt sie nur „Jooo", bald „Jooojooo" und dann fürwahr wie erhofft „Ach Jottchen" und hält sich fest in dem Gefährt ohne Dach. Sie hätte doch wohl lieber den Bus genommen. Aber wer zu spät kommt – wir wissen es...
In Prenzlau muß sie zum Amt. Welches, da wird nicht geredet drüber. Schwer vermittelbar. Das ist wie ein Stempel. In den Dörfern stehen Hallen leer; um eine längst verfallene Tankstelle sind Maschinen geparkt worden. Am Metall frißt der Rost. Weiter draußen lange barackenartige Bauten, keine Tore mehr drin, kein Glas in den Fenstern. Ein Melkstand, von dem der Wintersturm das Asbestzementdach abgerissen hat. Die Landwirtschaftlichen Produktionsgenossenschaften boten in der Kornkammer des sozialistischen Staates in manchem Dorf

Der Storch, Symbol des Lebens, blieb treu: in der Uckermark

acht von zehn Arbeitsplätzen. Kindergärtnerin und Traktorist, Krankenschwester und Maschinenschlosser, der Betriebsmaler und die Köchin, Melker und Kaderleiterin standen auf der Lohnliste. Es war Vollbeschäftigung da. Zu passenden Jubiläen, zu Ehrentagen der Republik wurden Orden angesteckt und Urkunden verteilt und beteuert, wie es allen gutgehe, seit ihnen gemeinsam das Land und nicht mehr nur einem allein gehöre. „Frischer Mut" und „Roter Stern" und „Vereinte Kraft" und „Neuer Weg" haben die LPGs geheißen. Ob es besser war? Damals? Und das Damals liegt für sie doch erst weniger als fünf Jahre zurück. Im bäuerlichen Leben ist Ordnung gewesen. Frau Bose erzählt vom Herrn Hegewald, der ihr Chef war und der jetzt nach Prenzlau gezogen ist zu seinem Sohn, weil er es nicht mehr „hat ansehen jemocht".

Sie weiß nichts von Butterbergen und Milchseen, von der Überproduktion einer jeden Feldfrucht, von Brüssel und den sechzig Subventionsmilliarden pro Jahr und von dem Druck, den die Bauern

europaweit auf ihre nationalen Parlamente ausüben, von der Exportflut, die aus der sonnenverwöhnten Dritten Welt überschwappt. Sie hat gefüttert – Schweine; ihre Schweine. Bis der Lastwagen kam. Nach Rostock soll die Fuhre gegangen sein. Genaues weiß sie nicht. Wollte es auch nicht wissen von dem Herrn Hegewald, „der sich da gekümmert hat drum immer". In der Ernst-Thälmann-Straße in Prenzlau, der Hauptstraße an der Kirche, steigt sie aus. Sie wisse den Weg, und sie würde auch „recht schön danke" sagen. „Joooo, danke schön noch auch!" Vor der Marienkirche, die wieder aufgebaut wird seit einigen Jahren und in der an Weihnachten 1632 der bei Lützen gefallene Schwedenkönig Gustav II. Adolf aufgebahrt war, wacht Reformator Martin Luther. Die Schweden waren fremde Herren, Besatzer. Aber auch Bewahrer eines reinen Protestantismus, Hüter der Lutherschen Idee. Nicht der Dreißigjährige Krieg hat Prenzlau so schwer zerstört, daß neunzig Prozent der Innenstadt in Trümmer fielen, sondern die Großoffensive der 2. Belorussischen Front zwischen dem 20. und 26. April 1945. Bombardierung, Einnahme, Plünderung und Brandstiftung der Kleinstadt, in der bis zuletzt ein Fliegerhorst der Luftwaffe lag, wurden zum Tabu.

Die Narben sind vernäht und kaschiert. Geheilt? Es ist eben eine andere Stadt geworden. Mit anderen Menschen. Was sollten die, die über Generationen in Prenzlau ansässig gewesen, nun auch tun außer einfach fortgehen? Wie der Zuckergroßhändler Pifrement aus der Friedrichstraße, der Besitzer der Weinstube Winkelsässer am Marktplatz, der Kaufmann Burmeister aus der Vincentstraße, Herr Bock von der Uckermarkapotheke an der Stettiner Straße, Landmaschinenhändler Strauß, Juwelier Paschke, Friseur Bukowski?

Von denen, die Jahre später in organisierten Schüben nachrückten und in die Quader zogen, die von den fünfziger Jahren an im Nordosten und Südosten abseits des gewachsenen Kerns wucherten, hatten die wenigsten je im Café Schulenburg gesessen oder im „Finkenkrug".

Den etwa 25 000 Menschen mag es wohl auch gleichgültig gewesen sein. Sie drückten ihre eigenen Sorgen. Was ging es sie an, daß die „ruhmreichen Befreier" Major Nikolai J. Staroselski und Oberst Iwan F. Tkatschenko mit der Ehrenbürgerwürde bekränzt wurden, weil es die SED-Kreisleitung so befahl? Vor dem „Filmtheater der Freundschaft" harren stumm drei Russen in makelloser Offiziersuniform. Gespielt wird in Prenzlau das Breitwandepos über die Kühnsten unter den Kühnen: „Top Gun". Ein in die Jahre gekommenes Hollywood-Melodram mit Pulverdampf, Blutgeruch, Flugzeugträger und Bettszene. Ein Spektakel mit einem die Kundschaft versöhnenden Schluß. Am Ende des Nervenkrieges werden auf der Leinwand mit Glanz und Gloria die Guten siegen. Die Amis...

◁ Oberrücker See:
Die Jüngste Eiszeit prägt
das Gesicht der eigenwil-
ligen Landschaft zwischen
der Havel und der Oder.
Von Süd nach Nord zieht
sich die Uecker; sie
mündet ins Oderhaff. Es
sind Sumpflandschaften
und Seen, die dem Land-
strich eine spröde Schön-
heit geben; so wie hier
der Oberrücker See.

△ Prenzlau:
Ein mittelalterliches Bau-
denkmal, das siebenhundert
Jahre und unendlich viele
Kriege überdauerte: die
berühmte Marienkirche; zur
Zeit ein Torso, der nur
mühsam restauriert wird.
Hier lag Schwedenkönig
Gustav II. Adolf 1632 für
zwei Tage aufgebahrt. Die
Kirche soll zum Museum wer-
den. Noch fehlen die Mittel.

△ Templin:
Insgesamt acht Seen, die im
weiteren Umland liegen,
machten Templin zu einem
gut sichtbaren Marktplatz,
der auf eine Askanier-
Gründung zurückgeht. Viel
hat sich an und innerhalb
der trutzigen Stadtmauer
aus jener versunkenen
Epoche trotz schrecklicher
Verwüstungen bis ins
Jetzt hinein retten lassen.

△ Schwedt/Oder:
Nur sehr wenig erinnert
im Kern von Schwedt
an Epochen, da der Ort als
die Barockstadt zwischen
Berlin und Warschau galt. Das
„Potsdam der Uckermark"
wurde der Handelsplatz am
Strom genannt. Aber acht von
zehn Häusern fielen im April
1945 im Hagel der Geschosse
brennend in sich zusammen.
Was kam? Plattenbau!

▷ Schwedt/Oder:
Von den Gründungstagen
an setzte die Republik der
Arbeiter und Bauern um
Schwedt herum auf Groß-
Industrie. Rohöl kam aus
der UdSSR über die Pipe-
line „Drushba" (Freund-
schaft) und die Menschen
fanden ihr neues Zuhause
in einer Welt, die fatal
an George Orwells Roman
„1984" erinnert.

◁ Uckermark
Sie ist immer die Kornkammer der Mark gewesen.
Ein Segen. Aber auch ein
Fluch: Zu oft wollten
zu viele fremde Herren
den Ertrag der Böden für
sich nutzen – es wurde
geplündert und Feuer
gelegt. Nach dem Verfall
der LPGs muß nach einem
neuen Weg gesucht werden.
Und der ist steinig...

△ Angermünde:
Die mächtige Marienkirche
ist ein architektonisches
Kuriosum: Denn zwischen
dem Baubeginn des
frühgotischen Westturms
aus Feldsteinen und der
Fertigstellung der drei-
schiffigen Backsteinhalle
(um 1460 herum) liegen
mehr als zweihundert Jahre!
Besonders sehenswert ist
das Sterngewölbe.

△ Gartz:
Der Stettiner Torturm,
die Stadtmauer mit ihrem
„Storchennest" und die
gotische Stadtkirche:
die wenigen Zeugen einer
stolzen Vergangenheit.
Durch die Oder zieht sich
die Grenze nach Polen hin;
die Brücke gesprengt, nur
als Stumpf an den Speichern
erhalten. Eine Idylle,
die die Armut kaschiert.

127

◁ Uckermark:
Geologen sprechen von
der „Lehmplatte", einem
Naturphänomen, dem die
fetten und damit ertrag-
reichen Böden zu verdan-
ken sind. Die sogenannten
Junker waren als Groß-
grundbesitzer die feudalen
Herren, ehe in den
fünfziger Jahren Klein-
bauern sich „freiwillig"
in LPGs zusammenfanden.

△ Uckermark:
Auf einen ersten Blick ist
vom elementaren
Wandel nach der Wende
nicht viel zu sehen. Aber
in Brandenburg ist die
Zahl der „landwirtschaftlich
Tätigen" von 180 000 auf
30 000 gesunken. Und
das heißt, daß von sechs
Bauern fünf ihre Arbeit
verloren haben. Ein europaweit einmaliges Phänomen.

Kopperhammer
im Know-how-Staat

Das rote
Land

Maik und René sind zusammengerechnet so alt, wie ihre Republik nicht werden durfte: zweiundvierzig.

Ihre Haartracht scheint von verräterischer Streichholzkürze, aber das täuscht. „Fidschiklopfen", grinst Maik angeknittert, habe er zwar „ja gleich danach" auch mal mitgemacht. „Aber nich so ganz richtig." Und „das mit den Mollis in Hoyerswerda" wäre „der letzte Scheiß gewesen". Da mischt sich René ein: „So kriegen doch nur die anderen Oberwasser." Schauplatz und Zeitpunkt des Dialogs über Deutsch-Deutsches und Deutsch-Fremdländisches ist eine Liegewiese am Parsteiner See zwischen Angermünde und Oderberg.

Ende Mai, keine Schulferien und ein Tag mitten in der Woche. Die Bräune auf den nackten Schultern könnte verräterisch sein. Maik, der Ältere, hat Urlaub; René ist auf Kurzarbeit Null. Ob sich das ändert?

Wie denn? Seine Stimme bekommt etwas Gereiztes. „Sag doch mal: wie denn!" Ihm zu widersprechen, wird gewiß nicht einfach. Rund um Eberswalde-Finow ist Arbeitsuchen und Arbeitbehalten schwieriger als anderswo. Auch für die Jungen, für die Qualifizierten. Maik, der sichtlich Behäbigere, er hat mit zwei Büchsen Bier schon Vorsprung, ging zu einer privaten Müllabfuhr. „Ich will nicht Müllmann werden" bockt René. „Dazu war ich zuviel − Facharbeiter im Kranbau." Als Monteur haben sie ihn für zwei Monate an die Krim geschickt. „Mich! Ein Stift, mit knapp mal achtzehn. Kranbau Eberswalde war eine der feinen Adressen der Republik." Der VEB galt als größter Produzent von Hafenkränen in Europa. Von Manaus bis Madagaskar kam Order; manches als „brüderliche Leistung" in befreundete Volksrepubliken geliefert, viel (am Ende doch zuwenig) gegen harte Dollar und Mark beim Klassenfeind installiert. VEB Bandstahlkombinat Hermann Matern, VEB Rohrleitungsbau Finow, VEB Chemische Fabrik Rotes Finowtal. Im Finowtal − dem roten, wie es seit den bemerkenswerten KPD-Aktivitäten der frühen zwanziger Jahre heißt −, ist Metallverarbeitung Profession mit Tradition.

Der uralte Kanal, in dem Schiffe Fahrstuhl fahren: Niederfinow

Das rote Land war das älteste planmäßig angelegte Industriegebiet der Mark. Das „brandenburgische Wuppertal" wurde es genannt; bereits in der Mitte des 16. Jahrhunderts taten dank der steten Wasserkraft der Finow die ersten „Kopperhammer" ihre Arbeit; also Kupferschmieden. Dabei bleibt ziemlich unerklärlich, warum es zuwandernde Arbeiter aus dem Rheinland und Schmalkalden ausgerechnet in Odernähe zog. Ein Motiv könnte die exportorientierte Politik gewesen sein, die den Großen Kurfürsten auf die Idee brachte, mit der Kolonie Groß-Friedrichsburg an der afrikanischen Westküste (die erforderliche Flotte hatte er in Holland halb gekauft und halb geliehen) in den maritimen Welthandel einzusteigen. Eitelkeit oder Machtinstinkt? Der Kurfürst ließ leise Zweifel am Sinn nicht aufkommen. Der Enkel des seetüchtigen Potentaten, der Soldatenkönig, blies die hochtrabenden Kolonialpläne wieder ab. Erst Friedrich der Große konnte mit Hilfe des Mathematikers Leonardus Euler – der Schweizer Privatgelehrte zählte zu den Erlauchten der Preußischen Akademie der Wissenschaften – konkret ans Werk gehen. Euler und sein Oberdeichinspektor Simon von Haerlem koordinierten den Bau einer Wasserader zwischen Havel im Westen und Oder im Osten. Bald wuchs hier der bürgerliche Wohlstand. Die Mark Brandenburg rückte dank eines gesicherten Verkehrsnetzes näher an die Handelspartner im Osten heran. Die hatten in früheren Zeiten vor allem Felle und Häute aus dem Ural und Gewürze wie Ingwer, Safran und Pfeffer angeboten. Ein Export, der sich fest in jüdischer Hand befand; der uralte Judenfriedhof von Wriezen kann uns Beleg dafür sein. Das Gros der Waren aber bewegte sich im frühen Mittelalter auf Havel und Elbe von und nach Hamburg. Schuldbücher aus Altona weisen die Fracht detailliert aus: „siligo de barlyn" – Roggen aus Berlin also. Aber die künstliche Wasserstraße veränderte das Land von Grund auf: Preußenkönigs neuer Finowkanal erwies sich als kluge Investition in die Zukunft. Was in der

Mark an Massengut oder Sperrigem nach Berlin auf den Weg gebracht wurde, kam per Schiff in die Residenz. Die Spree als Anbindung in die Lausitz hinein, die Havel zur Elbe hinunter für vieles, was westwärts ging. Und der Kanal neben der Finow als Aorta zur Ostsee. Bis ins zwanzigste Jahrhundert ließ sich so Handel treiben. Dann mußte ein neues Verkehrssystem her – in den Wasserbaudeputationen bekam das Projekt eines Oder-Havel-Kanals Konturen. Bei allem technischen Fortschritt hatten die Binnenschiffer ein zeitraubendes Problem. Zwischen dem Hafen an der Oberbaumbrücke in Berlin und Hohensaaten an der Alten Oder lag eine Niveaudifferenz von sechsunddreißig Metern. Manche Kapitäne besaßen ausreichend viel Phantasie, um sich eine überdimensionale Badewanne ausmalen zu können, in der ihre Kähne von einem Fahrstuhl nach oben oder unten getragen wurden. Eine derartige und auf der Welt nicht gekannte Anlage würde das Warten auf die Einfahrt in die vier nacheinander angelegten Treppenschleusen ersparen.

Zwischen 1926 und 1934 entstand endlich dieses schiffstechnische Unikum – das Hebewerk Niederfinow. Das damals wie heute bestaunte Kuriosum ist fast hundert Meter lang, rund dreißig Meter breit und sechzig Meter hoch. Über einen Kanal gleiten die Kohlen- und Massengutfrachter in den Trog hinein.

Dreißig Schiffe pro Tag werden mit einer Geschwindigkeit von 12 cm/sec befördert. Der gefüllte Trog wiegt mehr als viertausend Tonnen; die 256 Stahlseile haben einen Durchmesser von 52 mm. 27,5 Millionen Reichsmark verschlang das „Weltwunder in der Mark" (Schlagzeile vom Eröffnungstag am 21. März 1934) summa summarum.

Die dritte industrielle Revolution hat in Mitteleuropa die Prioritäten verschoben. Nicht das Fertigen der Investitionsgüter, sondern das Perfektionieren zählt, nicht der Produktionsstaat, sondern der Know-how-Staat schöpft heute die Gewinne ab. „Wasfürnstaat?" fragt René. „Kapierstedochnich!" sagt Maik. Und holt Bier...

◁ Alte Oder:
Nördlich von Bad Freien-
walde fließen in einer weiten Niederung die Alte
Oder und die Stille Oder
ineinander. Zwischen Schiff-
mühle und Neutornow pro-
fitierten die Menschen am
Fluß vom regen Handel.
Kanalbauten ließen die Region lange zurückfallen in
Vergessenheit und Bedeu-
tungslosigkeit.

△ Eberswalde-Finow:
Erst vor 25 Jahren ist
die Stadt Eberswalde mit
kleinen Gemeinden im
Umland zum künstlichen
„Doppelort" zusammen-
gekleistert worden. Das
traute Bild auf die Kirche
täuscht. Der Kern konnte
nur recht wenig an Altem
bewahren – viel, zuviel
wurde in den letzten
Kriegswochen zerstört.

△ Bad Freienwalde:
Ein vergessenes Provinz-
städtchen, „jottwede". Bis
am Ende des 17. Jahrhun-
derts die heilende Kraft der
Eisenquellen von Freien-
walde bewiesen werden
konnte. Seither nennt man
sich Bad voll Stolz. Die Kur-
häuser wurden von den
wichtigen Baumeistern
Preußens entworfen: Lang-
hans, Schlüter, Schinkel.

△ Kloster Chorin:
Rund 60 Jahre zogen sich
die Bauarbeiten an der
gewaltigen Klosteranlage
hin; um 1410 wurde dann
die frühgotische Backstein-
basilika geweiht. Die Re-
formation vertrieb die Äbte
der Zisterzienser; ihr
Besitz wurde säkularisiert.
Seit 1890 steht das Ensemble unter Denkmalschutz,
ist heute Kulturzentrum.

◁ Werbellinsee:
Südlich von Joachimsthal
liegt einer der „Lieblings-
tümpel" der sonnen-
hungrigen Berliner. Über
die Prenzlauer Autobahn
schnell zu erreichen und
berühmt wegen seines
sauberen Wassers. Kein
Wunder: mit 55 Metern
gehört der See (größer
übrigens als der Müggel-
see) zu den tiefsten.

△ Werbellinsee:
Eine gigantische Moräne
der Jüngsten Eiszeit hat
die Region um Joachims-
thal gestaltet. So zeigt
sich uns die Mark hier
keinesfalls als die viel-
zitierte Streusandbüchse,
sondern als ein Gebiet
mit großen Seen und
vielen flachen Hügeln.
In der Nachbarschaft:
die Schorfheide.

△ Schorfheide:
Mit über 800 Quadratkilo-
metern Fläche gehört die
Schorfheide (offizielle
Bezeichnung seit Herbst
1990: „Biosphärenreservat
Schorfheide Chorin") zu
den vierzehn Natur-Reser-
vaten der Ex-DDR.
Unter dem Patronat der
UNESCO soll der Lebens-
raum für seltenes
Wild geschützt werden.

◁ Parsteiner Seenplatte:
Fast nichts mehr geben
die frühherbstlichen Wol-
ken frei von dem Blick auf
das Land in der Mark.
Auf der Insel Pehlitzwer-
der im Parsteiner See,
hatten die Zisterzienser
versucht, ein Stammkloster
zu fügen – sie scheiterten.
So wanderten Äbte
und Mönche weiter nach
Chorin im Südwesten.

△ Schorfheide:
Ein schwer zu beschreiben-
des Stück Natur in Deutschlands Norden. Die Forst-
region erstreckt sich
zwischen Zehdenick im
Westen und Angermünde
im Osten: dünn besiedelt,-
mit skuriller Vegetation, dür-
rem Geäst, verwunschener
Wildheit. Fuchs und Hase –
im Sinn des Wortes –
sagen sich Gutnacht.

△ Niederoderbruch:
Ein Teil jener Landschaft,
die den Schwemmwiesen
und Sumpfgebieten der
Oder abgetrotzt wurde
– vor mehr als zwei
Jahrhunderten. Friedrich
der Große hatte dabei
väterliche Pläne realisiert.
Stolz zog er seine Bilanz:
„Die einzige Provinz, die
ich ohne Krieg eroberte."
Er inspizierte sie oft.

Hurra
auf Neulietzegöricke

Das noble Land

Die rotbäckige Kellnerin in der „Fischerkehle" am untersten Zipfel des Schermützelsees hat das bundesrepublikanische Gartengrundgesetz, nach dem auf der „Terrasse nur Kännchen" serviert werden, begriffen. Schermützelsee – das ist für spreewassergetaufte Wochenendzaungäste gleichzusetzen mit Starnberg und München oder Travemünde und Hamburg. Man fährt da hin; was immer zu verstehen sein mag unter diesem „man".
Das Wort vom Speckgürtel geht um. Das Unwort steht für Wohlstand, der von der satten Herren Tische fällt. Östlich von Strausberg, in der verwunschen dunklen Hügel-Seen-Landschaft, könnte soviel Beschauliches gewiß ein Stück des ominösen Gürtels sein. Dies Land hier ist ein nobles.
Nur der Narr wiegt sich sicher im irrigen Wissen, es müßte Söhnen der ausbeutenden Unternehmerklasse vorbehalten sein, Pappis oder Opas Erbteil abgeschirmt von Proletariat und Vierzig-Stundenwochen-Schuftern zum süßen Nichtstun zu nutzen.
Im verträumten Buckow in der Märkischen Schweiz am Schermützelsee sind beileibe nicht alle Gleichen gleich.
Der große und als Messias der geprügelten Kaste vergötterte Brecht verbrachte einen Teil seiner Zeit in jener eleganten Villa am Ufer. Großes Fenster vom Wohnsaal ins Grüne raus; unten durch den dichten Wald erahnbar der See. Ein Wassergrundstück, was sonst? Das Refugium an der Bertolt-Brecht-Straße 29 („Am See, tief zwischen Tann und Silberpappel..." aus: Buckower Elegien) ist Museum. In den frühen fünfziger Jahren entdeckte der Dramatiker erst, daß er nicht auf Dauer nur ununterbrochen neben dem Bühnentrubel am Schiffbauerdamm sich aufreiben könne, und dann das Fischerhaus mit der rosenbewachsenen Fassade, das übrigens auch vor Brecht kein Schermützelseefischer, sondern ein progressiver Bildhauer bewohnt hatte. Ehe in Nachkriegsbuckow die Zentrale Parteischule der Nationaldemokratischen Partei Deutschlands einzog, war der Mittelpunktort der Märkischen Schweiz nördlich von Müncheberg schon ein allseits

Der Wille, neues Land zu gewinnen: ein Dorf im Oderbruch

hochgeschätzter und beileibe nicht für jedermann erschwinglicher Ruhepol bei Mutter Jrün. Seit von der D-Zug-Bahnlinie Berlin-Küstrin-Königsberg in Müncheberg die Märkische Stichbahn abzweigte, mauserte sich vor allem Buckow zur Villensiedlung, in die die Mondänen und die Bourgoisen und die Intellektuellen und die Nihilisten (mit fließenden Grenzen untereinander) sich zurückzogen. Wer auf Landhaus samt Dienstbolzen verzichten mußte, mietete sich ein. Egon Erwin Kisch, in der Wolle gewebter Prager Kommunist, hinterließ uns als rasender Reporter nach einem Aufenthalt in der „Weißen Taube" von Bollersdorf sein Werk „Zaren, Popen, Bolschewiken".

Der umtriebige Kisch hat verschwiegen, in Bollersdorf und anderswo, daß ein unverbesserlicher Militarist ausgerechnet es war, der diesen Strich entdeckte. Gewiß: durch Zufall. Friedrich Wilhelm I., der Soldatenkönig, verfiel bei der Reiherbeize, die seine besondere Passion gewesen, der Idee, dieses Terrain, das den meisten terra incognita war und einem verträumten Hänsel-und-Gretel-Paradies glich, forstwirtschaftlich zu nutzen. Sogar der kühne Gedanke, das unbeackerte Ödland in den feuchten Niederungen der Oder östlich davon zu kultivieren, nahm in Kabinettsplanungen erste Gestalt an. Freilich war die Technik noch nicht so weit. Sein Sohn, der Alte Fritz, siedelte in den letzten Jahren seiner Regentschaft zwischen Bad Freienwalde und dem Oderlauf etwa zweitausend Zuwanderer an. Die ersten vier Familien gründeten in Nieder-Wurzow, jede von ihnen besaß acht Morgen Land. Das war viel. Und vom Preußenkönig geschenkt. Hurra!

Dreiundvierzig Dörfer entstanden nach und nach: die Silbe „Neu-" charakterisiert sie alle. Neuendorf, Neuenhagen, Neuranft, Neureetz, Neurüdnitz, Neuwustrow, Neulewin, Neukietz, Neuküstrinchen. Und Neulietzegöricke.

Im Oderbruch. Das Oderbruch, nicht der. Und ein langes u. So wäre es richtig.

Der Illusion, als Pioniere auf Neuland reich zu werden,

naben sich die Jungen, die die Natur und deren Kraft bezwingen wollten, nie hingegeben. „Den ersten Tod, den zweiten Not, den dritten Brot" hing auf Samt in Gold gestickt in vielen Dielen. Der Tod kam – mit Verspätung. Dann aber war das Oderbruuuch ein Stück Welt, das Dantes infernalischen Phantastereien glich. Am 16. April 1945 um fünf Uhr Moskauer Zeit gehen die Lichter an 140 Flakscheinwerfern der 8. Gardearmee an. Es beginnt die letzte Schlacht des Zweiten Weltkriegs auf europäischem Boden – der Kampf um Berlin, das doch noch zur ‚Welthauptstadt Germania" wachsen sollte.

Der Oberbefehlshaber der Roten Armee, Georgi Konstantinowitsch Shukow, wird sich später erinnern: „Noch nie bewegten sich die Uhrzeiger so langsam. Um diese restlichen fünfzehn Minuten irgendwie auszufüllen, beschlossen wir alle, ein Glas heißen Tee zu trinken, den gleich hier im Bunker ein Mädchen zubereitete. Es hörte auf den für das russische Ohr fremd klingenden Namen Margot." Dann feuerte die sowjetische Artillerie 1 236 000 Geschosse auf den Feind, der auf den Höhen von Seelow lag.
Seelow wankte – und fiel doch nicht. Das Sterben sollte sich quälend hinziehen. Achtundvierzig Stunden lang. Shukow in seinen Memoiren: „Am Morgen des 18. April waren die Seelower Höhen genommen."
Die 83 Schützendivisionen der Roten Armee hatten den Volkssturm aus Kindern und Greisen niedergerungen. Die Toten hat nie einer gezählt. Am Anfang konnte man nicht, dann wollte man nicht, dann durfte man nicht.
Dürrezeiten oder Hochwasser geben bis heute immer wieder die Opfer frei. Der Mensch als Sammler: Mit speziellen Gerätschaften wird mit System gesucht. Elektronik im Dienste derer, die erpicht sind auf Gewehre, Bajonette. Das Berliner Verkehrsmuseum sucht nach Schaustükken. Und keiner weiß, wo Margot (die mit dem Tee) blieb. Die Fee vom Schermützelsee war es nicht: „Ne Schlacht bei Seelow? Nie jehört..."
Wissen ist Ballast.

◁ Frankfurt/Oder:
Wegen ihres Wohlstandes
und ihrer Bildung wurde
die Stadt 1506 ausersehen,
als Universitätsplatz ein
Widerpart zum sächsischen
Wittenberg zu sein.
„Viadrina" hieß die Alma
mater – in Anlehnung an
Viadrus, das lateinische
Wort für Oder. Wie müh-
sam ist es heute, an diese
Vergangenheit anzuknüpfen?

△ Grünheide:
Es war ehedem ein fast
„klassisches" Ausflugs-
ziel der Berliner bei
„Mutta Jrün". Wer er-
innert sich nicht? Mit der
S-Bahn bis Erkner und der
Marsch von Fangschleuse,
über den Peetzsee zum
Möllensee. Weiße mit
Schuß und Eis am Stiel
(Zitrone natürlich!!!)
selbstredend inbegriffen.

△ Buckow
Exakt seit dem 26. Juli
1897 bringt eine Schmal-
spurbahn die Berliner
von Müncheberg ins ver-
träumte Buckow. Das
bedeutete auch „Freie
Fahrt für Wohlstand".
Da, wo Kätner Kartoffeln
zogen, wurden nun
Quartiere knapp. Der
Eiserne Kanzler logierte
im Hôtel Central.

157

△ Schermützelsee:
Die Buckower Schweiz
als Refugium der Betuch-
ten, Berühmten, Begabten:
So landete am Ende ein
seltsames Völkergemisch
in den Häusern entlang
der Ufer – Künstler, Kom-
munisten, Kultfiguren. Der
Herausragendste von allen
war Brecht, der in seinem
Haus am See (Museum) die
Buckower Elegien schrieb.

△ Rüdersdorf:
Mit der Wende kamen die
(West-)Berliner Baulöwen
als neue Investoren: die
legitimen Nachfahren der
einstigen Zisterzienser-
mönche, die vor mehr als
einem halben Jahrtausend
die Kalkvorkommen
ausbeuteten. Der begehrte
Rohstoff ist ein
über 200 Millionen Jahre
alter Muschelkalk.

▷ Rüdersdorf:
Aus dem Kalkbruch, der im
Lauf der Jahrhunderte ein
fast fünf Kilometer langes,
500 Meter breites und 100
Meter tiefes Loch in die
Natur gewühlt hat, können
jährlich an die vier Millionen Tonnen Rohkalkstein
gewonnen werden. Auch
das Baumaterial für viele
Berliner Paläste kam einst
aus Rüdersdorf.

160

△ Seelower Höhen:
Westlich eines riesigen
Schwemmgebietes der
Oderniederung steigen, wie
eine natürliche Barriere
zu Berlin hin, die Hügel rund
um die Kleinstadt Seelow
an. Das Land lag so in
der Schnittlinie zweier
Handelswege. Das hatte am
Ende unerfreuliche Folgen:
Feinde fielen ein: Polen,
Litauer, Schweden, Kosaken.

△ Seelower Höhen:
„Am Ende war es schlimmer
als die Hölle!" Noch immer
sind bei Besuchern der
Gedenkstätte, die nach
der Wende neu gestaltet
wurde, Erinnerungen an
die Invasion der Roten
Armee von Küstrin her
wach. Das Monument von
Lew Kerbel, der Soldat aus
Bronze, soll seinen Platz
zur Mahnung behalten.

◁ Altes Oderland:
Im Jagdrevier der Hohen-
zollern, in dem vor allem
die Reiherbeize betrieben
wurde, nistete immer
eine Vielzahl seltener
Vogelarten. Sie waren auf
dem Zug aus den Steppen
der Ukraine in den Süden
teilweise sogar heimisch
geworden. Auch der Lärm
der Militärsperrzonen hat
sie nicht vertrieben.

△ Neuhardenberg:
Für mehr als vier Jahr-
zehnte war aus dem Fleck
ein dem Sozialismus
zuträglicheres „Marxwalde"
geworden – dann jedoch
bekam der 4000-Seelen-Ort
Namen und Tradition wieder
übereignet: Neuhardenberg.
Die Domäne war ein kleines
königliches Dankeschön
an Staatskanzler Karl August
von Hardenberg.

△ Gusow:
Es lag in der Tradition adeliger Familien und bedeuender Heerführer, sich im Oderland einen Altersruhesitz als Domäne zu halten; besondere Tapferkeit wurde durch die Regenten mit Latifundien belohnt.
In Gusow hatte Generalfeldmarschall von Derfflinger sein Schloß. Es wurde nach seinem Tod erweitert.

Karneval
in Eisenhüttenstadt

Das stählerne Land

Hinter Krügers Gastwirtschaft, wo die Straße sich gabelt und das frische Landei für 25 Pfennig feilgeboten wird, verändert sich nach zwei sanften Kurven die Welt. In der Senke zur Oder hin liegt Eisenhüttenstadt, die erste sozialistische Stadt auf deutschem Boden. Nur ein Jahr jünger als der Staat der Arbeiter und Bauern – ein Herzeigemodell. Als noch nichts in Scherben gefallen, hatten 13 000 von den 50 000 Einwohnern ihren Arbeitsplatz bei der EKO, dem Eisenhüttenkombinat Ost. Die EKO war alles, um sie drehte sich alles, sie nährte alle. Rund um die Uhr und rund ums Jahr. Im Goldenen Buch stehen die Namen von Wilhelm Pieck und Ho Chi Minh. Das Kommen der Parteihäuptlinge war jährliche Selbstverständlichkeit. An der Oder lag einer der modernsten Stahlproduzenten, der mit seinen Fertigungsmethoden (in Österreich erworben) nirgendwo in Europa hintanzustehen hatte.
Der Wandel der Zeit offenbart sich im Kleinen. Vor dem Häuschen des Wachschutzes mahnt das Wort der

IG Metall „Laßt die Flamme nicht erlöschen". Unweit der Bushaltestelle haben schon auf grellen Blechtafeln der Erotikmarkt, das Trinkparadies und die Tutti-Frutti-Bar („Live-Show ab 22 Uhr") ihre Leistungspalette vorgestellt. Am 18. August 1950 hatten auf einer von Krüppelkiefern bewachsenen Öde zweihundert Arbeiter das große Werk begonnen. Ihre Namen sind nirgendwo festgehalten; bezahlt wurde allabendlich auf freiem Feld aus einer Blechbüchse. Ins märkische Babylon kam erst später System: Am 1. Oktober 1951 wurde der Schlosser Werner Tarnigk als der tausendste Werktätige eingestellt. Sein Foto hängt in einer Vitrine des Heimatmuseums, das mit bewundernswerter Detailverliebtheit die Historie eines der ungewöhnlichsten Orte Deutschlands aufarbeitet. Stalinstadt hieß die Fata Morgana, die sich zur Realität gemausert hatte, von 1953 an. Bis 1961. Dann galt Eisenhüttenstadt. Die ersten freien Wahlen nach der Wende brachten der Kommune, die in vierzig Jahren mit vier Namen zurechtzukommen

Der barocke Prunk, einmalig im Norden: das Kloster Neuzelle

hatte, einen ungeliebten Sieger. Die PDS überflügelte sowohl CDU als auch SPD. Ewig Gestrige, die Unbelehrbaren, die trotzigen Verweigerer? Noch immer gibt es die Straße der Republik, die zu Ehren von Rosa Luxemburg, die für den 8. Mai, eine für Karl Marx und eine für Friedrich Engels. Nur die Flaniermeile, die Lenin gewidmet war, heißt seit geraumer Zeit Lindenallee.

„Wie soll das plausibel werden", fragt Horst Wilde, „wenn du groß wirst mit dem eingehämmerten Glauben, daß der Aufbau dein Leben verbessert? Und nun sind sie dahintergekommen, daß erst mal alles abgerissen und zerstört werden muß, ehe es wieder in Schwung kommen kann." Dennoch hat er unterschrieben. Gehört zu den 200 Beschäftigten, die sich eine zweijährige Arbeitsplatzgarantie in einem Abbruchunternehmen sichern konnten. Arbeit haben – das zählt. Von den dreizehntausend bei EKO sind noch dreitausend auf den Lohnlisten.

Die EG schwimmt im Stahl, der allerorts Zuschußgeschäft ist und aus der Staatskasse eines jeden Landes mehr oder weniger heimlich subventioniert wird, um die Arbeiter als Stimmvieh bei der Stange zu halten. Die UdSSR existiert nicht mehr, den GUS-Republiken fehlen die Devisen. Das war anders. Auf der Oder kam Erz aus Polen und Steinkohle aus der Sowjetunion. Warschau, Moskau und Berlin verrechneten untereinander. Ein internes Handeln innerhalb des RGW – pures „Scheingeschäft" würden es Kapitalisten nennen. Nun soll das Land trotz Schwerindustrie umstrukturiert werden. Mit Lebensqualität, sanftem Tourismus in unberührter Natur. Wohlan. Das Janusköpfige läßt sich nicht wegdiskutieren: Richtig fein sein war für die Werktätigen im Arbeiter-und-Bauern-Staat dekadent. Dekadenz, die plötzlich „in" ist. Und auf einmal sind sie da: der Micky und der Mucky, und der Charly und der Maier-Sepp, die Bussi-Bussi-Moet-et-Chandon-Grauschläfler, die Ines und die Gunilla, die Ferrari-Brummer, die Porsche-Leaser, die Madame-Leser, der Joschi mit dem Jaguar, drei Düsseldorfer Call-

Girls, vier Apricot-Pudel, eine unübersehbare Zahl von Vorbestraften und der ortsansässige Bundestagsabgeordnete. Die Rede geht von der Grundsteinlegung eines Golfplatzes. Szene einer Wehe – denn die Geburt einer Golfanlage mit Weltniveau erweist sich am Ende immer schwieriger und komplizierter als auf Hochglanzprospekten. Überall dort, wo sich über ein hügeliges Land mit ein paar windschiefen Birken blikken ließ, wo ein See still lag und die Landschaft so etwas von Leistikow an sich hatte, rollte eines Tages eine klimatisierte Limousine beim Rat der Gemeinde vor; und der Mann, der ihr behende entstieg, wußte das Märchen zu erzählen, das begann: „Es war einmal ein armes Dorf..." Den diversen Kontrollbehörden lagen am Ende 58 Anträge zur Genehmigung eines Golfcenters vor. Wer mit dem Taschenrechner hantieren kann, wird herausfinden, daß dies – falls bejaht – aus der Mark ein Kuchenstück herausfräße, das so groß wäre wie etwa zehntausend Fußballfelder. Im Umland von Bad Saarow-Pieskow baggern sich die Maschinenmaulwürfe (umweltliebend) in die Scholle. 300 Millionen Mark an Erstinvestition verwandeln eine Fläche von 275 Hektar Land, das bislang schnöde mißachtet war, in ein Paradies. Mit 54 Löchern! Sonst wär' es keines... Es holpert mancherorts mit der flammenden Begeisterung fürs Neue und Nichtgekannte. Ein Verein, der in seiner Satzung darauf beharrt, nur exakt tausend „Members" zu tolerieren, zählt erst 450 Köpfe. Unterdessen sind Überlegungen angestellt worden, was unter den Bürgern der fünf neuen Länder soviel Desinteresse verursacht haben könnte: etwa die 18 000 Mark Aufnahmegebühr? Da war das noch anders im Saal des Goldenen Löwen in Eisenhüttenstadt. Da hatte die Tischtennisabteilung ihre schweißstickige Übungsstätte. Auch sie mußte geschlossen werden. Wegen Sittenlosigkeit! Beim Karneval 1963 hatte der Vorstand auf den Tischen getanzt. Und – unaussprechlich – mehr...

◁ Eisenhüttenstadt:
Eine Kommune, für die es
in der Bundesrepublik
Deutschland nicht Vorbild
oder Vergleich gibt. Aus
dem Nichts wuchs mit dem
Werk die Stadt – Retorten-
schöpfung. Vier Namen
sind es (bislang) gewesen,
die das 50 000-Menschen-
Ghetto trug: Fürstenberg,
EKO-Wohnstadt, Stalin-
stadt, Eisenhüttenstadt.

△ Fürstenberg/Oder:
Die Oderschiffer und die
angesiedelten Glasschlei-
fer aus Böhmen prägten
den malerischen Ort am
Ufer – stattliche Bürger-
häuser, ein Marktplatz
von respektabler Dimen-
sion und die spätgoti-
sche Stadtkirche. Aber
mit dem „Segen" des
Fortschritts ging auch die
Beschaulichkeit verloren.

△ Eisenhüttenstadt:
Eine Summe von geschätzten vier Milliarden Mark investierte die DDR, um das Eisenhüttenkombinat Ost (EKO) auf den neuesten Stand der Technik zu bringen. Aber heute ist die moderne und konkurrenzfähige Anlage mitten in einer tiefen Krise. Die Staaten der EG produzieren Stahl im Überfluß.

△ Scharmützelsee:
Theodor Fontane schwärmte
vom „märkischen Meer" –
gemeint war der Scharmüt-
zelsee. Pieskow und Dorf
Saarow auf der Halbinsel
waren seiner Tage tief
im Dornröschenschlaf versun-
ken. Mit dem „Fortschritt"
der Bahnverbindung kam
die mondäne Welt. Und
Bad Saarow-Pieskow sah alle:
Ob Gorki, ob Goebbels.

△ Scharmützelsee:
Das zehn Kilometer lange
Gewässer (28 Meter tief
und bemerkenswert sauber)
ist wie eh und je ein
Dorado für Hobbykapitäne
aller Art. Einen Boots-
steg am Ufer zu ergattern,
war für „Sterbliche" ebenso
zu kapitalistischen wie
sozialistischen Zeiten meist
aussichtslos. Ein Trost: die
Ausflugsdampfer.

▷ Langer/Wolziger See:
Zwischen Teupitz und
Storkow zieht sich östlich
der Autobahn Berlin-
Dresden eine fast verwun-
schene Seenkette. Im
Umland von Prieros bietet
ein weites Naturschutz-
gebiet Flora und Fauna
gesicherten Lebensraum.
Pläne für einen Flughafen
werden von vielen vehe-
ment torpediert.

◁ Schönefeld:
Die Kehrseite hochsub-
ventionierter Erneuerung
von Verkehrsnetzen und
Infrastruktur. Aus der Luft
wird das Autobahnkleeblatt
des Schönefelder Kreuzes
ungeschminkt als störender
Fremdkörper in der Land-
schaft sichtbar. Frankfurt/
Oder, Dresden, Berlin –
aus allen und in alle Him-
melsrichtungen . . .

△ Schönefeld:
Frevel an Anwohnern und
Umwelt oder Segen für
die Wirtschaft in Brandenburg, die den Aufschwung
so dringend benötigt?
Aus derartig diametralen
Positionen noch fair und
tolerant zu diskutieren,
ist Quadratur des Kreises.
Die Internationalen Flug-
ausstellungen aber waren
attraktive Anziehungspunkte.

△ Motzen:
Naturbarbarei und Spleen
für den Geldadel oder der
Massensport der Zukunft?
Hie der Jet als Transport-
mittel, dort der Jet-set
als Investor. Die Debatte,
wieviel Golfanlagen um
Berlin sinnvoll sein könnten,
ist ebenfalls längst zu einem Politikum verkümmert
und scheidet die Geister
bis zu offenem Haß.

◁ Schwielochsee:
Ein wenig östlich des
Unteren Spreewaldes
zwischen Lieberose und
Beeskow findet sich ein
unbekanntes Naher-
holungsgebiet, weit
weniger überlaufen als
Scharmützelsee oder der
Spreewald. Übrigens:
Schwielowsee (bei Pots-
dam) und Schwielochsee
liegen 100 km entfernt.

△ Beeskow:
Als ein charakteristischer
hohler Zahn ist der Stumpf
der Marienkirche von Beeskow erhalten geblieben.
In den letzten Kriegswochen
wurde ein unschätzbar
wichtiger Sakralbau Nord-
deutschlands vernichtet.
St. Marien mit ihrer vier-
schiffigen Backsteinkon-
struktion war die höchste
Hallenkirche der Mark.

△ Wolzig:
Östlich von Königs Wusterhausen zieht sich eine
Region, die unter den
Sonntagsnachmittags-Neu-
gierigen als Geheimtip ge-
handelt wird. Nur wenige
(West)berliner wissen
etwas von Wolzig am See.
Wen der Zufall hierher
getragen hat, genießt voll
Verblüffung die Ruhe einer
weiten Seenplatte.

187

Heckenrosen
für Horno

Das zerfurchte Land

Löwenzahn rupft er; für seine Hühner. „Jeden Tag komme ich hierher, auch wenn's regnet", raunt Friedrich Schulze, den wir so nennen, weil er uns seinen richtigen Namen nicht sagen mag. Ein gesprächiger Mann, zweiundsechzig unterdessen, lebensweise (geworden) und kein bißchen krumm im Rücken. Seiner Tage lang bei der Reichsbahn. „Nich so'n feiner Pinkel mit blauer Mütze im Warmen drin, Polsterklasse. Draußen! Immer!" Das Ortsschild Lakoma steht noch am Straßenrand nördlich von Cottbus. Und das etwas kleiner vermerkte Lacoma gleich drunter zählt als Indiz, daß hier auch sorbische Stämme wurzeln.
Keines Menschen Seele auf der nur teilweise gepflasterten Dorfstraße. Sehen wir von dem freundlichen Herrn Schulze ab, der „wegen der da oben" seine Identität nicht preisgeben möchte. „Und mit den Neuen, die da plötzlich auftauchen, weiß man es auch nicht…"
Lakoma ist Geisterdorf. Entsiedelt. Von den 240 Menschen, die hier recht und redlich gelebt haben. Der Tagebergbau. Die Emotionen schlugen hoch über Jahre. Auch als die Genossen und ihre Sekretäre das Sagen hatten, war das Schleifen und Tilgen eines Dorfes nicht geduckt hingenommener „Fakt".
Dem Menschen die persönliche Freiheit zu beschneiden, ihn vor der Wahlurne falten statt abstimmen zu lassen, ist das eine. Ihm den Apfelbaum vorm Blumenfenster wegzuhacken, ihm kühl mitzuteilen, daß in der Plattenbausiedlung achtzehn Kilometer weiter nur ein Haustier pro Wohngemeinschaft („in Ihrem vorliegenden Fall wahlweise Hund oder Katze") zulässig sei, ist das andere. Die hier in Lakoma waren keine Bauern. Sie bestellten ihr winziges Land als Nebenbeikleinstandwirte. Die Hühner gackerten, Hunde kläfften nächtens um die Wette, die Karnickel mümmelten ahnungslos dem nächsten Osterbraten entgegen…
Heile Welt?
Ja! Mit einem Aber:
Im „Reiseführer DDR", den der VEB Tourist Verlag im Frühsommer 1989 in die Buchhandlungen lieferte,

Der böse Fluch der Zukunftshörigkeit: Krater in der Lausit-

offenbart sich in einem wie unschuldig in den Text gerutschten Nebensatz die Kluft zwischen verlorengegangener Laubenpieper-Puschigkeit und der volkswirtschaftlichen Realität: „Da im Bezirk mehr als die Hälfte der in der DDR vorhandenen Vorräte an industriell verwertbarer Braunkohle liegt, wurde Cottbus zum Zentrum der Kohle- und Energiewirtschaft unseres Landes ausgebaut." Widerspruch? Geduldig angehört, aber am Ende zwecklos. Lakomas Kettenhundehalter und Festtagsbratenkaninchenzüchter hatten Glück. Scheinbar. Die Wende, so triumphierten sie, würde ihnen Dorf und Identität retten. Die Illusion datiert vom November 1989. Im Mai 1993 rupft der Umgesiedelte unter falschem Namen Löwenzahn für die Hühner, die noch immer auf dem alten Platz vom Kettenhund bewacht werden. Allein die Karnickel haben den Zeitenwechsel nicht überleben dürfen. Die Lausitz ist der „Ofen der DDR" gewesen. Über dreißig Tagebaubetriebe wurden Herz allen industriellen Tuns und Planens. In jedem Jahr

mußten (so diktierte es besagter Plan) 150 Millionen Kubikmeter Erde bewegt werden, um 20 Millionen Tonnen Rohbraunkohle zu fördern. Sechzig Meter tief fraßen sich die automatisierten Maulwürfe in das zerfurchte Land. Zwölf Brikettfabriken hatten versorgt zu sein. Zwei Schichten galten als normal, drei blieben nirgendwo Ausnahme. Männer schälten Kartoffeln in den Kombinatskantinen, Frauen verlegten im Schneematsch dreißig Meter unter Niveau in gleißendem Scheinwerferlicht weit nach Mitternacht Schienen für die Bagger. Der gleiche, der neue, der sozialistische Mensch; hier lebte er – wie aus dem Bilderbuch der Herren Marx und Engels. Trauer herrscht rund um die Gruben. Die Preßkohlen, auf die sentimental geprägt war „1910–1992 Letztes Brikett", sind rund um Brieske längst in die Öfen geschippt worden. Und die Klempner waren da, die Zentralheizungen auf Öl und Gas umrüsteten. Lakoma konnte nicht überstehen, weil die neuen Herren mit alten Abhängigkeiten zu hantieren hatten.

Namen auszutauschen ist Schraubenziehersache. Nun firmiert der Stromerzeuger vor Ort als Vereinigte Energiewerke AG Kraftwerk Jänschwalde. Handzettel wirft die VEAG unters Volk, bietet kostenfrei Besichtigung und Mittagessen für sechs Mark. Hier bei Peitz, wo die Karpfen fett werden, stünde alles zum Besten; 3000 Megawatt könnten in grauer Theorie sechs Städte von der Größe Dresdens mit dem Saft für Video und Wäschetrockner versorgen. Aber dazu brauche man sie eben, die zwanzig Millionen Tonnen Braunkohle, die die LAUBAG aus dem Umland anliefere.

Ökologie oder Ökonomie? So eine unangenehme Frage. Im Oderbruch oben im Norden sollen an die sechzig Millionen Mark ausgeschüttet werden, um ein aufgeblasen großes Reservat mit Natur pur zwischen Polen und Deutschland zu schaffen. Den Segen des blaublütigen und naturliebenden Prinzgemahls der Queen hat man schon. Aber im Süden, hier, wird sich's anders lesen. Nicht Schrebergarten samt Heckenrose sei ein Anzeichen von kleinem Glück. Sondern der mächtige Schornstein müsse rauchen, damit die Räder wieder rollen. Wo doch alle den ersehnten Aufschwung brauchen. Die LAUBAG als Hort des Bösen? Der Konzern hat sich die Sprachregelung zurechtgelegt, nach der sich ein Einbau der millionenteuren Entschwefelungsaggregate nur lohne, wenn die viele Kohle (bildlich) mit der nahen Kohle (wörtlich) von Horno eingespielt werden könne. Die dreihundertzweiundsechzig Menschen dort in Horno haben sich etwas Infames ausgedacht. Sie renovierten ihr marodes Wirtshaus, putzten Kirchturm und Dorfanger sauber raus und harkten den Friedhof aufs Feinste. Und das soll nun – samt Gottesacker – der Baggerzahn fressen?

Das Finale ist ungewiß. Wird es kommen wie in Lakoma, wo unser Herr Schulze mit zwanzig Pfennig auf den Quadratmeter gegangen ist?

Hie David, dort Goliath; hie Heckenrose, dort Hochkonjunktur.

Der Hund döst – Herr Schulze rupft voll Gelassenheit den Löwenzahn. Für die Hühner.

△ Jänschwalde:
1976 war mit dem Bau des
Kraftwerkes begonnen wor-
den. Die Sowjetunion lie-
ferte die technische Aus-
stattung; 13000 Arbeiter
(darunter 5 000 Ausländer)
realisierten das Mammut-
projekt, das den Namen
„Kraftwerk der Jugend" bekam. Im Kühlwasser der
3000–Megawatt-Anlage
gedeihen die Zuchtkarpfen.

△ Cottbus:
Aus Flandern zugewanderte
Tuchmacher, die mit den
Schafzüchtern der Lausitz
ihre Kontrakte hatten,
verschafften Cottbus einen
weltweiten Ruf als Textil-
stadt. Ein Wohlstand, der
auch selbstbewußt gezeigt
wurde: Das Stadttheater,
lupenreiner Jugendstil,
baute der Berliner Archi-
tekt Bernhard Sehring.

194

△ Cottbus:
Wenig erinnert im Kern
der Industriestadt (125 000
Einwohner) an sorbische
Vergangenheit. Was die
Hugenotten, die Märker
und die Sachsen gebaut
hatten, wurde im Krieg fast
restlos zerstört. So mußte
– wie die Oberkirche –
vieles erst mühsam
in den letzten Jahren
rekonstruiert werden.

195

◁ Hoffnung:
Von der Außenwelt und
deren neugierigen Augen
abgeriegelt, spielten die
Militärs im Sandkasten
ihren neuen Krieg. Nur,
daß der Sandkasten ein
Stück der Mark war und
das Spiel am Rande des
tödlichen Ernstes lag...
Jetzt blieb allein der zer-
wühlte Sand. Indiz für
Hoffnung?

△ Hoffnung:
Wer alle Illusion auf Ver-
nunft längst begraben hatte,
wer in der irrwitzigen Auf-
rüstung nicht mehr an
Abrüstung glaubte, der mag
am Ende doch noch Zuver-
sicht schöpfen. Was hier als
Zivilisations-Schrott ge-
parkt ist und Milliarden verschlang, wird verschwinden
– als Alteisen. Oder
Exportwaffe! Hoffnung?

▷ Hoffnung:
Die bizarre Welt eines
Panzerübungsgeländes.
Um das Szenario von
Töten und Vernichten
wirklichkeitgetreu üben
zu können, starben
mehr als hunderttausend
Hektar Natur: Wald,
Wiese, Auen. Risse blei-
ben. Wie lange wohl
noch? Wächst mit dem
jungen Grün Hoffnung?

△ Branitzer Park
Nach dem sächsischen
Muskau entschloß sich
Hermann von Pückler, auch
nahe Cottbus einen in
seiner Art unnachahmlichen
Landschaftspark anzulegen.
Zwischen 1850 und 1870
wuchs um Schloß Branitz
der grüne Zaubergarten.
Die Seepyramide umschließt
seit 1871 das Grab des
visionären Fürsten.

△ Schloß Branitz:
Fürst Pückler (1785–1871)
hatte Gottfried Semper
mit dem Umbau des
Schlosses betraut.
Den fast hundert Hektar
großen Park konzipierte
Georg Bleyer. Das Credo
des Exzentrikers Pückler:
Er wollte „eine großartige
Dichtung mit smaragdenen
Lettern in den Sand
der Lausitz schreiben".

◁ Lausitzer Revier:
Die Diskussion ist längst
offener Streit. Ein Ende
des Tagebergbaus klagen
die einen ein, doch die
anderen argumentieren
mit dem „volkswirtschaft-
lichen Sinn", die Braun-
kohleausbeute zu steigern.
Die Förderung nahm in
den letzten Jahren ab:
von 120 Mio. auf 90 Mio.
Tonnen Rohkohle.

△ Feindesland?
Auf wen waren die Daten
programmiert? Und wohin
waren ihre Sprengköpfe
ausgerichtet? Wem galt der
erste nukleare Schlag des
Angriffs? Im Feld verborgen,
vom Raps umschlossen
und geheimgehalten
(so gut es eben ging):
die Raketenbasen der
Sowjetarmee. Stationiert
in Freundesland...

△ Freundesland?
Eines der vielen Sperr-
gebiete; nur Auserwählten
zugänglich. Der Luft-
raum darüber strikt
gesperrt. Spezialfahrzeuge
in Wartestellung. Militärs
nennen so etwas auch
gern lakonisch „schweres
Gerät". Es sollte energische
Drohung sein. Und Bereit-
schaft, vorzupreschen in
Feindesland ...

Pellkartoffel,
ungfer, Leinöl

Das sorbische Land

Christian Wolf ist Grenadier gewesen und im böhmischen Dörfchen Chlum gefallen. 1866. Chlum hat sich nicht erhalten können in den Schulbüchern. Den zweifelhaften Ruhm, Schlacht- und Schauplatz der europäischen Geschichte gewesen zu sein, heimste Hradec-Králové ein. Auf deutsch: Königgrätz. Wolf, Heros von Königgrätz, ist der erste im Feld Gebliebene, der auf der Heldentafel in der Dorfkirche von Burg seinen Eintrag auf Dauer fand. Sogar die winzige Tapferkeitsmedaille, posthum im Juli 1866 verliehen, hat ihm kein Kirchenplünderer weggenommen. Anderes mußte entfernt sein. Unter der Namensliste stand in erhabenen Lettern: „Gefallen für König und Vaterland". Wer auch immer wann (und warum) die Kirche mitten im Dorf rekonstruierte – auf einmal waren die Wörter „König und" entfernt. So ist entschieden, daß der Soldat fürs Vaterland fiel. Das ist zeitlos unverdächtig. Burg strahlt etwas von unerklärbarer Gutbürgerlichkeit aus. Der Bahnhof mit seinem Fachwerk war das schönste Bauwerk dieser Art weit und breit. Die Gasthöfe hatten ihre Veranden zur Dorfstraße. Und die mächtigen Kastanienbäume schützten vor den vorbeihuschenden Sommerregen. Im Spreewald zu leben – das bedeutete, etwas Besonderes zu sein. Die Ammen in ihrer Tracht, die Burschen im Frack und Zylinder hatten nichts gemein mit den Bauern vom nahen Fläming, den Gießern aus Lauchhammer, den Webern aus Finsterwalde. Als säße man in einem Freiluftzoo, gab man sich ungeniert, aber reserviert der Neugier der Städtischen preis, die sommers einfielen. Die Kähne – frisch geteert – wurden ins Wasser geschoben. Die Studienratskinder, die die Botanisiertrommeln schleppten, hörten aus väterlichem Mund, daß der Eisvogel brüte, der Weißstorch aufsteige, der Otter jage und dies dort am Ufer eine gebänderte Prachtlibelle sei. Wochenendgescheitheit. Solange es keine befestigten Wege gab, spielte sich spreewäldisches Leben tatsächlich mehr auf dem Wasser ab. Die Kühe wurden mit Kähnen auf die Weiden geflößt, später die Mähmaschinen, man

Der geteerte Kahn, der Alltagsgefährt war: Idyll im Spreewald

besuchte sich per Boot zur Einsegnung und zur Hochzeit. Und jedes Dorf hatte seinen Prunkkahn für die letzte Fahrt. Das Wasser, für Geologen ein Restphänomen der letzten Eiszeit, war eine natürliche Barriere. Talsperren und Umfluter, seit dem 18. Jahrhundert systematisch angelegt, sorgten für überlegte Besiedlung, für eine demokratische Selbstverwaltung, für bescheidene Gutbäuerlichkeit. Samt Pellkartoffel und Leinöl. Das Wasser wehrte auch andere Kultur ab. Vor zwei Generationen sprachen die meisten untereinander Sorbisch. Niedersorbisch – das betont man. Das Obersorbische, das in Schlesien zu Hause wäre, klänge ganz anders. Der zuständige Gauleiter sah sich in einer Zwickmühle. Natürlich konnte es gefallen, wenn in den Erbhöfen das Patriarchat auf Tradition pochte und soviel Brauchtum unverfälscht gezeigt wurde. Hoch zu Roß, stolz. Sonntags ein anderes Gewand als am ersten oder zweiten Feiertag. Und auch die Jungfer weithin deutlich zu erkennen. An der Schürze...

Je germanischer aber die NS-Jahre wurden, um so größer das Mißtrauen den Slawen gegenüber. Sorbisch verschwand aus den Klassenzimmern und von den Tafeln in den Amtsstuben.
Heute gaukeln die Ortsschilder eine Zweisprachigkeit vor, die es so nicht mehr gibt. Die Alten, beim Schwatz vor der Haustür, die mögen das wohl noch pflegen. Für die Jungen hat sich vieles, zu vieles getan, verwischt. Brauchtum wird zum Rädchen im Geschäft mit den Zuwandernden. Von einem „sanften" Tourismus ist auch da wieder die Rede. Was immer man sich darunter vorstellen darf. Denn wenn die Schotterstraße auf einer Länge von fast zehn Kilometern bis tief ins Herz des Spreewaldes hinein täglich von Autofahrern, Motorrad-Fans, Vespa-Clubs und Mofas frequentiert wird, weil die in die verwunschene Pohlenz-Schänke zum Aal-Essen wollen, dann kann in den hochgerissenen Staubwolken von „Naturverträglichkeit" kaum mehr die Rede sein.
Hundert Tage im Jahr zeigen sie einem Neugierigen Lukask

und Roggatz, Schlangenkönig und Willischza, Quakkatz und Sapoliagraben. Der Fremde wird den Eindruck nicht los, daß ein mückenüberdeckter Wasserarm aussieht wie der andere. Aber weil Höflichkeit ein brüderliches Gebot des Deutschwerdens ist, sagt man das besser nicht und bietet dem Gondoliere beim dritten Warsteiner aus der Pulle das Du an: „Ich heiße Rüdiger! Und Du?" „Gordon."

Siegmund Lehmann hat unterdessen für Nachfragen ebenso einen eigenen Prospekt wie der Pächter vom Minigolfplatz. Er kann in seinem schwankenden Unternehmen „Hochwaldfahrten" und „Fahrten mit Tisch" anbieten. Und er nimmt (zur Zeit) pro Stunde um die 45 Mark, die gewiß nicht viel Geld sind, um mit Muskelkraft fünfzehn Leute durch unberührte Urnatur zu begleiten. Auf dem Hinweg wegen der Ursprünglichkeit betroffen, auf dem Rückweg bierselig und todmüde. Da will der Poet aus Passion nicht zurückstecken und reimt: „Hier waltet grüne Stille im Land von Sumpf und Sand. Und unsere Spreewaldzille fährt uns durchs Märchenland."

Zum einen heißt der Bootskörper nicht Zille, sondern Kahn. Zum anderen ist das mit der Stille so eine Sache. Als der wegen seiner Knauserigkeit hochgeachtete Heinrich Lauck zu Kaisers Zeiten von Burg nach Lübbenau zehn Stunden brauchte, da mußte er manchen Tag rumhocken und an seinem Stumpen nukkeln, ehe sich der Sommerfrischler einstellte, der die stolzen acht Mark für so eine Fuhre berappte. Heute sitzen die Fährleute vor dem Hafencafé, rauchen Camel Filter, hören Pop vom tragbaren CD-Player und erfahren aus der Zentrale, wo die Kundschaft wartet. Siegmund Lehmann weiß nicht, was er machen würde ohne sein schnurloses Telefon an Bord. Der Nebenerwerbskapitän darf ruhig durch den Wald staken: Kein Berliner wird ihm durch die Lappen gehen. Und seine Passagiere werden schwärmen. Vom Eindruck, den Natur, Pellkartoffel und Leinöl hinterlassen. Unverfälscht.

◁ Heile Welt:
Dunkler, dichter Wald
war dies alles ursprünglich
einmal. 1650 wurde
noch ein Bär, 1746 ein
allseits bestaunter Elch
erlegt. Mit den Menschen
kam der Wandel. Die Neu-
bauern rodeten, um über-
leben zu können. Das Mit-
einander von Ausflügler-
land und Agrarregion muß
die kleine Welt bewahren.

△ Rast am Kanal:
Ob die einstündige
Schnupper-Partie oder der
geruhsame Tagesausflug –
das wichtigste an einem
waschechten Spreewald-
„Törn" ist die Einkehr.
„Bukoitza", „Wotschofska",
„Storchennest", „Schlan-
genkönig", „Oppott" oder
„Hirschwinkel" – ein jeder
Wirt hat Tisch und Stühle
draußen. Und wartet…

▷ Canal Grande:
Unvermeidbaren Stati-
stiken können massenhaft
Zahlen entnommen werden.
Etwa eine halbe Million
Besucher verzeichnete das
„Fließwassernetz" mit einer
Gesamtlänge von 980 km,
davon 400 km schiffbar.
Der Spreewald hat Recht-
eckform und ist 75 km
lang und 16 km breit.
Noch weitere Fragen?

212

△ Lübbenau:
Lubnjow sagen die Sorben.
Ihre ständige Präsenz in
dieser Gegend kann seit
1300 als gesichert gelten.
Der Ortskern der einstigen
Handwerkerstadt mit
der Nikolaikirche und den
Fachwerkhäusern am
„Topfmarkt" hat nur wenige
Kriegsspuren davontragen
müssen. Sehenswert:
das Spreewaldmuseum.

△ Lübben:
Der alte Burg- und Han-
delsplatz zwischen Leip-
zig und Frankfurt/Oder
wurde am Ende des Zei-
ten Weltkriegs zu achtzig
Prozent zerstört. Paul-
Gerhardt-Kriche (er liegt
hier begraben) und das
Schloß mit seinem Wohn-
turm und dem wappen-
gezierten Huldigungssaal
blieben aber erhalten.

215

◁ Wiesen und Auen:
Vier Zonen sollen im
Biosphärenreservat Spree-
wald Bedrohtes schützen,
Kostbares bewahren. Eine
„Kernzone" wird sich selbst
überlassen bleiben, ohne
daß Menschen einwirken.
Den Löwenanteil kann die
„Harmonische Kulturland-
schaft" ausmachen – mit
agrarischer und kluger
touristischer Nutzung.

△ Unterspreewald:
Nördlich von Hartmanns-
dorf hat die Fischzucht
eine stolze Tradition.
Zwischen Karfreitag
und Silvester wurden vor
allem die Aale und die
Karpfen auf die Märkte
gekarrt – lebendfrisch;
versteht sich. Merke:
Der Experte spricht beim
Zuchtfisch nicht vom
Angeln, sondern Ernten.

△ Kehrseiten:
Rührige Tourismusmana-
ger lobpreisen vier-
farbig die schöne Welt
des grünen Paradieses.
Sie hat auch ihre tristen
Hinterhöfe. Die unmittel-
bare Nähe zu den Tagebau-
furchen der Lausitz wird
aus der Vogelperspektive
jäh sichtbar. Selbst das
Fluten aufgerissenen
Landes hilft da nicht viel.

◁ Hochspannung:
Der hochindustrialisierte
Staat blieb auf eigenen
Strom dringend an-
gewiesen. Rund die Hälfte
davon wurde im Bezirk
Cottbus erzeugt: 68 000
Gigawattstunden. Vet-
schau wie auch Lübbenau
sind die Hauptversorger
der Schwerindustriebe-
triebe um Lauchhammer
und Schwarzheide.

△ Zivilisation:
Die Technik als der Untertan des Menschen? Die
Maschine als ein Helfer?
Das Gewirr der stählernen
Streben, der Förderkörbe,
der Schienen – nichts anderes als Zeichen für eine
besondere Art von Zivilisation? Im Braunkohlerevier
der Lausitz hatten sich die
Gewichte verschoben. Die
Roboter blieben Sieger.

▷ Lübbenau:
Das leistungsstarke Groß-
kraftwerk bei Lübbenau
lieferte einen bemerkens-
werten Teil der von der
DDR selbst erzeugten
25000 Megawatt. Selostzu-
frieden wurde mit diesen
Zahlen Propaganda ge-
macht. Die Schwefeldi-
oxyd-Werte mußten ge-
heim bleiben. Fünftausend
Tonnen waren es.

Privileg
eines Weybes

Das museale Land

Walther von der Vogelweide, die mittelhochdeutsche Wunderwaffe für jede Form von Minnelyrik, hat das slawische Marktdorf Dobraluh vor fast tausend Jahren unsterblich gemacht. Er sprach von „Toberlu". Es darf mit Fug und Recht angezweifelt werden, daß in der miefigen Ex-HO-Gaststätte von Doberlug-Kirchhain irgendeiner der Bedienenden oder Bedienten den Funken eines Interesses für lyrischen Minnegesang hat. Eine gemeinsame Geschichte können die beiden Ortsteile nicht bieten. Kirchhain hatte sich als Zentrum der Lederverarbeitung einen Namen gemacht. Die Gerber und die Kürschner siedelten hier. Und eine Erklärung für ihre Anwesenheit könnte sein, daß der Herzog von Sachsen-Merseburg aus dem säkularisierten Abt-Sitz der Zisterzienser von Doberlug ein vierflügliges Jagdschloß mit Schweifgiebeln bauen ließ. Der 1945 zusammengeklebte Doppelort gab mit seiner volkseigenen Schuhverarbeitung den Ansässigen Brot als Zuschneider, Näher, Packer.
Unerklärliche Tristesse liegt über dem Ganzen. Das Kastell steht noch, und die Klosterkirche zählt für Fachleute zu den bedeutendsten Backsteinbauten des norddeutschen Binnenlandes. Irgendwo an der verschlossenen Pforte findet sich der vergilbte Hinweis, dies sei der früheste „Gewölbte Großbau" der Lausitz.
Die Masse Mensch, längst abgekommen von gewölbten Backsteingroßbauten oder Vogelweides Minnegesängen, kennt den Zehntausendseelenfleck als Umsteigebahnhof. Und das hat Orten dieser Art in allen Landen das Flair von Bebra oder Büchen verliehen.
Hier im Süden des Lausitzer Grenzwalls und schon im Einzugsgebiet des Niederen Flämings leben die Menschen seit dem frühesten Mittelalter. „Fläming" beschreibt die Herkunft der Ureinwohner. Holländer, Seeländer, Flamen, die von schweren Flutkatastrophen aus ihrer angestammten Heimat vertrieben worden waren und ins Landesinnere auf den öden Festlandsockel auswichen.
Genügsamer Menschenschlag. Weil die Böden viel nicht hergaben, verlegten sich die meisten auf die Schafzucht.

Der Guß, der Brot statt Not brachte: Revier von Lauchhamme

Die Wollherstellung, die Spinnerei, das Weben von Uniformtuch mußte wichtigster Broterwerb sein.

In Dahme, das damals sächsischem Fürst gehörte, erfand der Kolonialwarenhändler Otto Unverdorben in der väterlichen Dachmansarde das künstliche Indigo. Nichts anderes als den blauen Farbstoff, den man so massenhaft fürs Kleid der Ehre benötigte. Erst die zufällige Entdeckung von Raseneisenstein veränderte den Landstrich, in dem die Wunden des Dreißigjährigen Krieges nicht verheilen wollten, von Grund auf. Armer Leute Jejend wandelte sich in ein Revier. Sachsenkurfürst und Polenkönig August der Starke privilegierte am 17. Juli 1725 die Beschäftigung mit Hochofen und Hammerwerk, Drahtmühle und Gießerei. Und: Der Vorzug „ward einem Weybe" gegeben – Freifrau von Löwendal. Um das einstige Gut Mückenberg herum war nun Arbeit in Hülle und Fülle vorhanden. Die Dörfer Bockwitz und Dolsthaida, Lauchhammer und Mückenberg lockten Bauernsöhne vor allem aus Schlesien herbei. Der Steuereintreiber Graf Detlev Carl von Einsiedel zählte als Hüttenerbe im 19. Jahrhundert zu den mächtigsten Industriellen Europas.

Das neue Deutschland vertrieb die alten Herrscher, der Schwermaschinenbau sollte Herzstück der sozialistischen Industrie werden. Hochbeschäftigung in allen Kombinaten reihum; die Landschaft veränderte sich zum Zuschauen schnell. Der Tagebau hinterließ tiefe Krater. Aber selbst die erbitterten Kritiker mußten zugeben, daß „ganz oben" den grundlegenden Veränderungen nicht tatenlos zugesehen wurde. Zwischen Senftenberg und Hoyerswerda entstand eine künstliche Seenlandschaft, mehr als nur potemkinsche Freizeitretorte. Die Lebensqualität der Montanregion besserte sich. So rigide die Planer das krebsartige Wuchern der Betriebe voranpeitschten, sosehr sie tiefe Wunden in die Wälder rissen, sosehr blieb man bedacht, Ausgleich zu schaffen.

Grüner Rasen, wogende Felder und plätschernde Wellen samt Kleinkind mit rotgepunktetem Gummiball auf einer Hochglanzfotografie werden freilich nicht über die auf Sturm stehenden Zeichen hinwegmogeln können: Hoyerswerda – keine halbe Autostunde entfernt vom Wald der Schlote um Lauchhammer und Schwarzheide – muß mit seinen vielschichtigen Problemen stehenbleiben als Synonym für die unerwarteten und voll Entsetzen besehenen Folgen der angeblich sanften deutschen Revolution vom Herbst 1989. Wie Rostock. Und wie Mölln und Solingen.

Da gären die Widersprüche. Da wird plattgemacht, da stürzen Treuhandverfügungen die Leute, die eben doch keine statistischen Einheitsgrößen, sondern Menschen sind, in die Wechselbäder. Und der Widerstand dagegen, daß alles „früher" (wann war dieses f r ü h e r eigentlich?) schlechter gewesen sein soll, offenbart sich auf die seltsamste Weise. Die Fußballer von Lauchhammer nennen sich im Gegensatz zu unzähligen anderen Vereinen immer noch voll Selbstbewußtsein SV Aktivist. Es soll Indiz sein, daß sie nichts von ihrer Akti-

vität eingebüßt haben. Die neugegründete Qualifizierungsgesellschaft eröffnete in einem verwaisten Lehrlingsheim ein Museum. Ein trutziges Eigenlob, ein unsentimentaler Rückblick auf das, was zu leisten die Männer hier im Land imstande gewesen sind. Ausrufezeichen einer Gesellschaft, die Bismarck und Thälmann goß, schwarze Schafe und rote Helden. Und ein paar Nymphen mit blankem Busen, die stets politisch unverdächtig blieben.

Provozierende Frage: Ist museales Treiben (zumal dann, wenn es aus Steuergroschen finanziert wird) nur die Flucht ins schützende Gestern? Das Kunstgußmuseum in Lauchhammer will nicht beschönigen, sondern berichten. Es will nacherzählen, was alles an Monströsem in den zurückliegenden zweihundert Jahren die Gießereien verlassen hat. Das Reiterstandbild des Großen Kurfürsten, die Lyra für die Semperoper. Nicht zu vergessen: das Wormser Luther-Denkmal und die Lobpreisung des Sozialismus. Durch Erich Honecker.

◁ Neuer See:
Um eine einzige Tonne
Kohle zu fördern, müssen
fünf Kubikmeter Abraum
bewältigt werden – wohin
damit? Nahe bei Senften-
berg wurde eine Lösung
gefunden: Maschinen schu-
fen eine neue Landschaft.
See und Inseln; scheinbar
unberührte Natur. Aber es
bleibt am Ende wohl doch
Kulisse und Selbstbetrug.

△ Stiller See:
Am Ende fand sich keiner
mehr, der der ge-
schundenen Natur noch
zu Hilfe eilen mochte.
Erst sind es „nur" Kon-
servenbüchsen gewesen,
dann Alteisen, schließlich
Waschmaschinen- und
Kühlschrankfragmente.
Bis – dank des neuen Wohlstandes – auch die Autos
am stillen See starben.

△ Bad Liebenwerda:
Zwischen Phantasie und
Realität klaffen Welten –
die Veränderung der
Natur sollte dem
Menschen dienlich sein.
Es geht (zu oft) schief.
Dieses scheinbar friedliche
„Badeidyll" am Strand in
praller Sonne ist einem
Baggersee zu verdanken,
der eine ausgebeutete
Kiesgrube füllt.

231

△ Herzberg:
Erst nach dem Wiener
Kongreß ist Herzberg
(eine Wendenburg)
im Grenzenschacher an
Preußen gefallen. Die
Stadt war ein traditions-
reicher Handelsplatz an
dem Wegkreuz der Straßen
von Wittenberg nach
Görlitz und Dresden/
Meißen nach Berlin. Sie stand
unter jüdischem Einfluß.

▷ Bad Liebenwerda:
Der große Marktplatz,
flankiert von Kirche und
Rathaus, machte Lieben-
werda, das im Dreißig-
jährigen Krieg zerstört
worden war, allmählich
wieder wohlhabend.
Der große Aufschwung kam
nach der Jahrhundertwende.
Seit 1906 durfte sich der
Ort wegen seiner Mcor-
vorkommen Bad nennen.

◁ Lauchhammer:
Der Triumph rücksichts-
loser Industrialisierung
über die Natur, die nun
tot ist. Umweltschutz war
in der DDR zu lange ein
unbekannter Begriff, wurde
zu spät zum heißen Eisen.
Weil nicht sein konnte, was
nicht sein durfte, haben
die Menschen in der Region
(die meisten schuldlos)
die Folgen zu tragen.

△ Elsterland:
Zwischen Kleiner Elster
und Schwarzer Elster
zieht sich nach Norden
Richtung Finsterwalde
eine hügelige Landschaft
zum Fläming hin, deren
Bewohner zwischen Sachsen
und Brandenburgern hin-
und hergeschoben wurden.
Neuer Krieg, neue Grenze.
Es blieb die Armut: Schafe
hüten, Äcker pflügen...

△ Elsterland:
Es wurden die mit Dank-
barkeit und Jubel (und
wahlweise erhobener rech-
ter Hand und linker Faust)
begrüßt, die vom Segen des
Fortschritts in der Zukunft
faselten. Den Frevel,
die Reste und Rückstände
dieser Illusion verbreche-
risch wegzuspülen, hat
(Ruhe ist Bürgerpflicht)
aber keiner beklagt.

△ Elsterwerda:
Sachsenkurfürst Friedrich
August I. hatte den Ort an
der Schwarzen Elster den
Markgrafen von Meißen
abgekauft. Das war 1727.
Der Grund? Der neue
Herr wollte vermutlich
inmitten eines ausge-
dehnten Jagdreviers eine
Zuflucht haben; deshalb
ließ er – als Forst-„Hütte"
– ein Schloß bauen.

△ Lauchhammer:
Die Anfänge des Eisen-
kunstgusses datieren von
1785. Seit 1865 waren die
Besitzer von Lauchhammer,
die Grafen von Einsiedel,
fast Monopolisten auf
diesem Gebiet in ganz
Preußen. Das Werk mit
seinen Öfen und Essen
mußte mehrfach erweitert
werden; es herrschte
Konjunktur an Heroen.

△ Lauchhammer:
Zwar wußte auch der
Sozialismus seine Helden
zu ehren und zu gießen
(unter anderen den kan-
tigen Kopf im Berliner
Thälmannpark), aber Geld
und Devisen wurden in
neuen Betriebsstätten vor
allem an Tagebaugeräten
wie Schaufelradbaggern
und mächtigen Hafen-
Krananlagen verdient.

Tetzel,
Luther, Wallenstein

Das reformierte Land

Gelernt hat er sein Handwerk beim Kardinal Raimondus Peraldus als ein „Akklamant" auf Überlandfahrt in Dänemark und Schweden. Ein aufmerksamer Famulus, der Sohn des Leipziger Goldschmieds Hans Dietzel. Der Junior wird sich unterschiedlich schreiben: mal Detzel oder Thizell; als Johannes Tezelius führt man ihn während seiner Studentenzeit; „Tatzel" steht in den Urkunden von Tirol – da war der Sachse der „vilerley Hurerey zu Ysprukg" angeklagt und dem Tode durch Teeren in ebenjenem Innsbruck mit viel Glück nur mühsam entkommen.

Aus seinen Sturm-, Drang- und Hurenjahren ist er rausgewachsen, als er im Alter von zweiundfünfzig – 1517 – durch die Mark zieht. Johannes Tetzel aus Pirna, ein „Generalkommissar des Bischofs Albrecht". Wer mühselig und mit Sünden beladen ist, darf wieder hoffen: Der Prediger wird die Pforte zur himmlischen Seligkeit schon aufstoßen. Reuig sollte der Irregeführte sein. Aber noch entscheidender: Spendabel muß er sich zeigen. Nichts im

Land ohne Quittung. Sie heißt Ablaßzettel und beweist, daß ein einsichtiger Sünder dem Sumpf der Lockungen entronnen ist. Wieder daheim im Schoß des Herrn. Willkommen! Im Sommer 1517 klappert Tetzel die Lausitz ab, reitet für Rom. Und den Papst. Wg. Petersdom ...

Es ist ein Wanderzirkus der feineren Art. Der Generalkommissar wird von einem Notablen aus dem Augsburger Hause Fugger begleitet. Vertrauen mag gut sein, Kontrolle – wissen die Fugger – beruhigt. Das handelt sich ja auch nicht um Kleingeld. Wenn der Prediger in guten Stunden zu Hochform aufläuft, dann weisen die Bilanzen eine Tageskasse von hundert Gulden aus. Wer es auf den Geldwert von heute hochrechnet, kommt auf einen Monatsumsatz von 50 000 Mark.

Ende August 1517 zieht er mit Pomp in Jüterborg ein. Fahnenschwinger sind ihm ein Stück des Weges nach Luckau hin entgegengelaufen. Beim Schöppen Teupitz nahe des Neumärkter Tores nimmt der Gast Quartier. Schöppe Teupitz ist oberster Richter

Der Glaube, der die Frommen beseelte: das Kloster Zinna

der alten Stadt. Auf dem freien Platz vor der Nikolaikirche errichten die Helfer ein Kreuz. An dem hängt das Wappen der Florentiner Familie Medici. Die stellte zu dieser Zeit gerade den amtierenden Papst. Haleluja! Der Werbespruch „Wenn das Geld im Kasten klingt, die Seele in den Himmel springt" ist von der Geschichtsschreibung nicht belegt. Aber es gilt als erwiesen, daß Gottes geschäftstüchtiger Sohn einigen Rummel entfachte, der politische Dimensionen annahm. Da Tetzel nicht nach Sachsen einreisen durfte, weil Kurfürst Friedrich dies untersagt hatte, wandern viele konservative Wittenberger über Land nach Norden in Richtung Jüterbog. Ihnen liegt der Seelenfrieden am Herzen. Und das, was Martin Luther in seinen Predigten erzählt, scheint den Christkindern zu lästerlich.

Die Fuggersche Eichentruhe ist randvoll. Tetzel zieht weiter nach Nordosten, absolutiert in Köpenick einen Vater, der „aus Versehen" statt eines Ebers seinen Sohn abgestochen hatte, und beginnt am 5. Oktober in Cölln nahe Berlin mit dem Predigen. Unterdessen hielten die papsttreuen Franziskaner unter ihrem Abt Bernhard Dappen die rege Ablaßgeschäftigkeit sozusagen stellvertretend aufrecht im „frommen" Jüterbog. Da platzte Luther der Kragen – der Rest ist europäische Geschichte. Weshalb Jüterbog ausgerechnet zu einem entscheidenden Schauplatz wurde, hat gute Gründe.

Der mauernumwehrte Hauptort des Flämings saugte aus der beinharten Geschäftstüchtigkeit der Zisterzienser, die auf Kloster Zinna residierten, seinen Nutzen. Die Abtei besaß im fünfzehnten Jahrhundert das Monopol auf nahezu jede Handelstätigkeit. Auf einer Fläche von rund dreihundert Quadratkilometern befanden sich die Brau- und Mahlrechte, das Wasserprivileg und die Alleinverantwortung für die Pechhütte und den Eisenhammer bei den frommen Brüdern. Keiner außer ihnen durfte zudem Salz sieden und weitergeben, keiner außer ihnen die Rüdersdorfer Kalkvorkommen ausbeuten. Zinna hatte vieles an Geistlichem längst abgelegt, war weltlichen Maximen keinesfalls abgeneigt. Von gleichmachender Demut nur noch sehr wenig zu spüren. Die gotische Klosteranlage mit der Neuen Abtei und den (1958 zufällig wieder freigelegten) Fresken der Abtskapelle zählt zu den prunkvollsten Bauwerken östlich der Elbe.

Die, die in ihren Bürgerhäusern Quartier vermieteten, erkannten die günstige Gelegenheit, hiermit auf Dauer Geld zu verdienen. Nur Leipzig – das gestanden die Wirte ein – habe mehr an Gast- und Herbergsplatz zu bieten als Jüterbog. Als 1611 in der Stadt über die jülich-klevische Erbfolge verhandelt (sagen wir präziser: gefeilscht und geschachert) wurde, trafen sich für sieben lange Wochen 24 Landesfürsten. Sechs von ihnen zeigten ihre Macht auch mit ihrem Reichtum an stolzen Rossen. Allein die sechs hatten (die Chronik hielt es in ehrfürchtigem Staunen fest) sage und schreibe 1112 Pferde im Gefolge. Eine Tafel über dem Haus Nummer 39 in der danach so benannten „Pferdestraße" erinnert unweit des Rathauses noch heute daran.

Wer an der Kreuzung bedeutender Handelswege seinen Nutzen hat, darf sich nicht wundern, wenn aus denen in trüben Zeiten Heerstraßen werden. Aus Nutz wächst Fluch: Wallenstein kassierte 1626 vergleichsweise bescheidene 80 Taler Schutzgeld dafür, daß er die Jüterboger verschonte. Ein Jahr drauf langte er grober hin. Da kostete der Unversehrtheitsbrief dann 331 Taler, 12 Groschen, 11 Pfennige.

Aber je mächtiger Preußen, je sicherer die Grenzen zum Sächsischen hin, um so weiter zogen die Geschäftstreibenden hinaus. Nicht länger mehr waren sie angewiesen auf die nahen und vertrauenerweckenden Zinnen.

Der „Goldene Stern", das traditionsreiche Gasthaus am Rathausplatz, ist restauriert. Mutig sprang der Wirt Jörg Barthel auf den Zug der neuen Zeit: Appartement Nummer 26 hat er vorausschauend im „Black-and-Red-New-Style" ausstaffiert. Mit Bad, Bidet und Farb-TV – versteht sich...

Da müßte der Tetzel nicht mehr zum Schöffen Teupitz ziehen.

◁ Kloster Zinna:
Die „Pommersche Ver-
wüstung" im Jahr 1179
brachte Abt und Mönche
in Schwierigkeiten, dann
aber wurde Zinna reich:
Fast vierzig Dörfer auf
300 Quadratkilometern
waren in Zisterzienserbe-
sitz. In der Blütezeit wurde
die Anlage erweitert und
prunkvoll verziert. Als
Zeichen der Macht...

△ Jüterbog:
Anno 1007 treffen wir
schon auf „Jutriboc", das
Stadtrecht bekommt Jüter-
bog 1174. Es gab zu dieser
Zeit schon eine durchaus
bedeutende Kirche. St.
Nikolai aber wird erst nach
1420 prachtvoll ausgebaut.
In ihr findet sich die
vielbestaunte Tetzeltruhe.
Deren kleiner Schönheits-
fehler: Sie ist keine...

▷ Jüterbog:
An die vierzig Türme und
Türmchen sollen es
gewesen sein, die früher
der Reisende von weither
ausmachen konnte, näherte
er sich dem Ort Jüterbog.
Tatsächlich war die Stadtmauer aufwendig ausge-
baut und der Wall sorgsam
gesichert. So kam Jüterbog
zu dem Titel „Märkisches
Mantua"...

△ Der Fläming:
Das alles sieht aus wie
Postkartenvorzeigewelt
und Großstädtertraum.
Wiesen, gute Luft und
dicke Schafe. Aber
die Agrar-Region hat mit
dem Auseinanderfallen
der LPGs als Hauptarbeit-
geber riesige Probleme.
Die Arbeitslosigkeit, vor
allem unter Frauen, liegt
oft über 50 Prozent!

△ Kornkammer:
Wer sich als Bauer (mit
hohen Schulden) in die
Selbständigkeit gewagt
hat, muß investieren
und produzieren. Er hat
angesichts von Überschüs-
sen und Niedrigpreisen
für Erzeuger soviel wie
möglich aus den Böden zu
holen; die Chemie „hilft"
ihm dabei mit ihren For-
meln. Eine falsche Formel?

251

△ Treuenbrietzen:
Am Nordrand des Hohen
Fläming, eine gute Tages-
reise vor Berlin, gewann
der Markt entlang der
Straße seine Bedeutung.
Fromme Bürger in winkeli-
gen Fachwerkhäusern:
Dem Luther versagten sie
den Einzug in die Basilika
von St. Marien – er mußte
im Freien predigen. Unter
einer Linde; sie steht noch.

△ Luckau:
Zwischen dem Niederen
Fläming und dem Lausitzer
Grenzwall lag schon in
der Ur- und Frühgeschichte
ein auffallend dicht besie-
deltes Gebiet. Luckau ent-
wickelte sich zum unbestrit-
tenen Mittelpunkt dieser
slawischen Dörfer. Heute
ist das Markstädtchen, auch
von italienischen Meistern
gebaut, viel bestaunt.

◁ Mellensee:
Nahe des Ortes Mellensee, südlich von Zossen, hat ein Müllermeister seine Bockmühle wieder zum Klappern gebracht – es gehört nun einmal zu seinem romantischen Handwerk. Dort im Baruther Urstromtal drehten sich einst unzählige Flügel im steten Wind – die Bauern fuhren gute Ernte ein.

△ Luckau:
Der noble (manchmal an südliche Gefilde erinnernde) Marktplatz wird bestimmt durch die liebevoll restaurierten Stuckfassaden, die mit Ranken und Voluten im frühen 18. Jahrhundert entstanden sind – als Herzeigestücke für den stolzen Wohlstand der residierenden Kaufleute.

△ Treuenbrietzen:
Ein Frauenzimmer, schwach
geworden wegen eines
Schuhmachers, wurde zur
berühmtesten Tochter der
Stadt: Sabinchen. Vor dem
Rathaus hat man ihr ein
Monument aus Stein ge-
setzt, eine Bierkneipe trägt
ihren Namen. Und (fast)
jedes Kind kennt die schau-
rig-schöne Moritat um
Keuschheit und Moral.

257

△ Luckenwalde:
Den „Boulevard" nennen
Einheimische mit Stolz
den Kern ihrer Stadt.
Er war dem Lauf der
(Namens-)Zeit reichlich
ungeschützt ausgesetzt
und hieß lange Breite
Straße, ehe er den Na-
men von Ernst Thälmann
zu tragen hatte. Nun
ist wieder „Breite Straße"
en vogue. Wer weiß?

△ Jüterbog:
Sie sind Fremde in einem
okkupierten Land gewe-
sen: etwa 200 000 Ange-
hörige der Roten Armee
dienten in der einstigen
Mark Brandenburg. Isoliert,
allen Beteuerungen zum
Trotz. Nun, wo sie gehen
und Hab und Zeug ver-
frachten, wissen sie nicht,
was sie erwartet. Auch ihr
Land ist anders geworden.

Disput
ohne Ende

Das preußische
Land

Es wird nichts weggeworfen, und alles läßt sich wiederfinden in einem wohlgeordneten Staat. Preuße sein, das heißt auch, eine Sache um ihrer selbst willen erledigen.

Kein einziges Blatt aus dem magistratsinternen Vorgang „Garnisonkirche" ist im Trubel der Wendetage verlorengegangen. Unter dem Aktenzeichen 101/68 wird allen Zweiflern die Rechtmäßigkeit nachweisbar sein, durch die nicht allein ein Sakralbau oder ein barockes Juwel aus der Mitte des achtzehnten Jahrhunderts in sich zusammensank, sondern durch die ein Symbol in die Luft gejagt wurde. Jene Garnisonkirche, die für den verwurzelten Glauben der Untertanen zu Gott und König, Volk und Vaterland, Ruhm und Ehre stand. Für die einen. Und für den „Tag von Potsdam", der die Braunen gesellschaftsfähig machte, weil deren Führer einen Zylinder in der Hand hielt. Für die anderen. Die beiden Lager werden sich immer unversöhnlich gegenüberstehen.

Auch das ein Stück von Potsdam: Uwe Dittmer war Anfang dreißig, als er 1966 seine Pfarrstelle in der Heilig-Kreuz-Gemeinde antrat. Eine kleine Gemeinde, deren Gotteshaus notdürftig in einer Teilruine untergebracht war; dem Turm der Garnisonkirche, deren prunkvolles Schiff durch Funkenflug in der Nacht vom 14. auf den 15. April 1945 ausbrannte.

„Er machte Frieden durch das Blut an seinem Kreuz" stand über dem Altar zu lesen. Den letzten Gottesdienst feierte Dittmer mit seinen Gläubigen am 2. Mai 1968.

Seit Stunden erst kannte er damals den Beschluß der Potsdamer Stadtverordnetenversammlung vom 26. April. Nur vier Gegenstimmen mußte Brunhilde Hanke, damals Oberbürgermeisterin, zählen.

Frau Hanke hat nie vergessen, was ihr Mann abends zu ihr sagte: „Das wird dir noch mal schwer auf die Füße fallen – das ist Kulturbarbarei."

Und weil in Preußen nichts unprotokolliert bleiben darf, wissen wir auch, daß den Sprengkommandos ein Raupenbohrwagen vom Typ TC 110 zur Verfügung stand; daß die ersten Ladungen am 14.5. 1968 um 14 Uhr 03 gezündet

Der entlarvende Zwiespalt, der Alt und Neu trennt: Potsdam

wurden; daß der letzte Teil des Glockenturms am 23. 6. 1968 um 10 Uhr 21 in Staub zerfiel. Dieser dreiundzwanzigste Juni – ein Sonntag. Der Tag des Herrn.

Uwe Dittmer ist noch heute Pfarrer in der Heilig-Kreuz-Gemeinde. Das Wort des Heilands liest er im Saal der Freimaurerloge Minerva; dort bricht er auch das Brot und erzählt von der Auferstehung und dem Leben.

Die Garnisonkirche aufbauen? „Nein!" sagt Dittmer. „Meine vierhundert Gemeindeglieder brauchen sie nicht. Wir haben ein Dach überm Kopf." Die Denkmalspfleger winken ebenso ab: „Operettenseligkeit…"

Aber da gibt es noch ein Lager: Sie nennen sich Traditionalisten und Bewahrer. Wollen das Gute am Preußen von gestern (und vorgestern) hochhalten.

Manchmal, da treffen sie sich: Der Herr Pastor Dittmer und die Frau Hanke, die das Amt mit der Würde verloren hat. „Wir sprechen viel miteinander bei solchen Gelegenheiten. Weil es viele Fragen und wenige Antworten gibt", sagt Dittmer.

Es läßt sich alles rekonstruieren in diesem preußischen Potsdam. Bei Friedrich und seinen Windspielen wacht nun wieder die blankgeputzte Flora mit Zephir im Arm; die historische Mühle ist repariert, Blattgold allerorten. Schöne Welt zum Vorzeigen? Illusion? Ein Fliehen in ein Gestern, um Blessuren zu tünchen, die sich eine Generation in den vergangenen vierzig Jahren holte?

Ein Leben mit Widersprüchen: Vietnamesen blicken sich ängstlich nach allen Seiten um, wenn sie aus ihren Bilkatüten unverzollte Marlboro anbieten. Russen stehen am Pfingstberg und verkaufen Kinderpullis, die ihre Ehefrauen gestrickt haben, und allerlei Armeegerät, das beim Rückweg nur Belastung wäre.

Die Friedenskirche soll eine neue Orgel bekommen. Die UNESCO hat sich des Gartens von Sanssouci angenommen, weil der ein weltberühmtes Kulturgut ist. Der Obelisk an der Hauptallee steht als Symbol für Machtbewußtsein, Klugheit. Und das Pappschild darunter, das der Gastwirt der „Remise" in der Weinbergstraße blasphemisch an ihn angelehnt hat, wirbt für die Pizza, die knackig und preiswert sei.

Nichts ist vollkommen. Wie sollte es auch? Frau Sigrid Matholius, die Besserwessis eine „Klofrau" nennen würden und die doch alleinverantwortliche Inhaberin einer Pachttoilette ist, muß ihr Etablissement am Grünen Gitter winters schließen. Dem stillen Ort gefrören bei Eis die Rohre. Keiner bleibe ohne Hoffnung: Die „Villa Matholius", so nennt sie stolz die Zufluchtsstätte, soll aus Bonner Töpfchen eine Zentralheizung bekommen.

Wer viel gelesen hat über Friedrich den Großen, der wird auch die Episode kennen, in der der Alte Fritz und Casanova im September 1764 einander begegnen. Fünf Tage hatte der venezianische Galan schon im Gasthof „Zu den drei Lilien" in der Poststraße gewartet. Und viel an Verruchtheit bot dieses Berlin ihm dabei keinesfalls.

Die Kaltblütigkeit der innerstädtischen Schönen stand im Gegensatz zu dem, was Giacomo von anderswo gewöhnt. Dann wurde er endlich nach Potsdam vorgelassen. Auf die Terrasse. Casanova in Seidenhosen und spitzen Schuhen mit silberner Schnalle; ein goldener Ring am Finger, eine frisch gepuderte Perücke. Der Alte Fritz gab sich knurrig, trug einen Rock mit unübersehbaren Flecken und Spuren von Suppe und Tabak. Was er dem Fremden bieten könne, sei ein Posten als Erzieher an der Potsdamer Kadettenanstalt. Dort warteten fünfzehn pubertierende Pickelknaben aus dem Stand der pommerschen Junker zitternd auf das, was wohl kommen mußte. Casanova hätte beinahe angenommen. Nur die übelriechenden Nachttöpfe im Schlafsaal waren Anlaß, unter Rezitieren diverser Höflichkeitsformeln doch wieder rasch das Weite zu suchen. Hinein in die gemachten Betten Europas.

Wäre es anders gewesen im Schlafsaal, dann hätte...

Hätte ein liebestoller Charmeur statt Obrigkeitsglaube Frivolität gelehrt. Champagner statt Kommißbrot? Nicht mehr der Wille, eine Sache um ihrer selbst willen zu erledigen? Eine Illusion!

◁ Werder:
Der Flußlauf und große
Seen schützten den Kern
der slawischen Burg auf
der sicheren Insel vor
Fremden und Feinden.
Schon im achten Jahrhun-
dert existierten um Wer-
der Pfahlzäune. Baumgar-
tenbrück und Geltow sind
heute friedliche Nachbarn
– Zaun und Pfahl deshalb
überflüssig geworden.

△ Sanssouci:
Olymp der Philosophen,
Muse und Flötenkonzert,
dekoratives Versatzstück,
um Preußens güldengroßen
Glanz zu preisen – das
Sommerschlößchen von
Friedrich II., der der Große
genannt wird, kann sich
nicht wehren gegen das
Pressen in Schablonen, das
Überfrachten mit platter
Lobhudelei. Bis heute...

△ Potsdam:
Das Brandenburger Tor,
1770 in Anlehnung an einen
römischen Triumphbogen
von Gontard und Unger
gebaut, und die Kirche
St. Peter und Paul,
fast lupenreines Plagiat von
San Zeno in Verona
(errichtet 1868), begrenzen
die Achse der Altstadt. In
jedem Haus war unterm Dach
ein Grenadier einquartiert.

◁ Sanssouci:
Bildergalerie und Neue
Kammern flankieren des
Königs Residenz. Die
Mühle dazwischen hatte
den Monarchen gestört.
Aber Preußens Sinn für
Gerechtigkeit trug den
Sieg davon – das unge-
liebte Bauwerk durfte
stehenbleiben. Heute ist
es aus dem Ensemble
nicht wegzudenken.

△ Sanssouci:
Südlich der Hauptallee,
im Rehgarten, findet sich
(wie bewußt versteckt)
das Chinesische Teehaus.
Johann Gottfried Büring
realisierte eine recht
versponnene Idee von
Friedrich und errichtete
eine sonderliche Schein-
welt: Chinesen, die unter
Palmen Tee trinken – aus
vergoldetem Sandstein.

▷ Sanssouci:
Eine technische Spielerei,
die nie funktioniert hat,
ist Ursache, daß an der
Rückseite gegenüber
dem Ehrenhof eine roman-
tisierende und düster
wirkende Ruinenstaffage
entstand. Wasserreser-
voirs, darunter verborgen,
sollten die große Fontäne
vor der Freitreppe spei-
sen; untauglicher Versuch.

270

◁ Planetarium:
Von einer Parklandschaft
umschlossen liegen die
Gebäude und Stationen
des Potsdamer Planetari-
ums. Dem Institut für
solarterrestrische Physik
auf dem Telegraphenberg
dient unter anderem der
(fast verdeckte) Einstein-
turm, ein kurioser Bau,
den Erich Mendelsohn
1920 für Einstein errichtete.

△ Cecilienhof:
Vom Kronprinzen im
Ersten Weltkrieg erbaut
– ein Schloß im engli-
schen Landhausstil; mit
Erkern, Kaminen und
Höfen. In der Haupthalle
wurde sommers 1945
Weltgeschichte geschrie-
ben: Stalin gelang es,
Deutschland und den Glo-
bus zu spalten. Für fast
ein halbes Jahrhundert...

▷▷ Jenseits der Grenzen: Die Mark Brandenburg hatte sich damit zurechtzufinden, ein Durchgangsland mit ungesicherten Flanken zu sein – kein weites Meer, keine hohen Gebirgszüge als von der Natur geschaffene Wälle. Dies konnte über die Jahrhunderte nicht ohne Folgen bleiben: Nachbarn suchten sich zu bereichern, die Märker selbst wurden zur Besatzungsmacht im fremden Revier. Verheerende Kriege warnten niemanden. Nun sind die Pflöcke (wieder) neu geschlagen. Der Blick nach draußen ist ein Blick in Frieden zu guten Partnern – im Westen die deutschen Landsleute, im Osten die Bürger Polens. (Bildtexte auf Seite 288).

Grenzregion – Blick zu den Nachbarn

Elbland

Das alte Havelberg mit seinem Mariendom. Gelegen an der Mündung der Havel in die Elbe, seit 948 schon Bistum. Eine Niederung, in der Überschwemmungen alljährlich gewaltige Schäden verursachten. Erst 1955 wurde ein Vorfluter fertiggestellt. Seither mündet die Havel nördlich, bei Gnevsdorf.

Grenzland

Brückenschlag zwischen Nachbarn – hie Kietz, dort Kostrzyn. Eisenbahn und Straße waren stillgelegt, ehe endlich ein verständnisvolles Miteinander wieder Alltag werden durfte. Erkennbar noch die Reste der Feste Küstrin, in der der Katte starb, und die Warthe im Hintergrund.

Zukunftsland

Auferstanden aus Ruinen... Es ließ sich so mühelos vom neuen/besseren/gerechteren Leben reden. Der Glaube an die leuchtende Zukunft war, in Ost wie West, anfangs ungebrochen. Nun sind Fragen gestellt. Was wird? Was anfangen mit Bauten wie dem Kernkraftwerk in Stendal?

Sachsenland

Am südöstlichsten Zipfel von Brandenburg entstand 1250 um die Burg Muskau der größte Adelssitz der Lausitz. Graf Pückler gestaltete das Gut nach englischem Vorbild in bis dahin auf dem Festland nicht gekannter Form. Ruine, Herrenhaus, Badepark stehen auf der UNESCO-Denkmalsliste.

Oderland

Francofurtum ad viadrum; Stolz schwang mit in dem latinisierten Namen. Das Bologna der Mark nannte man sich. Die Bauten kündeten von Machtsinn: Rathaus, Marienkirche, St. Nikolai. Es gilt, sich von neuem zu besinnen. Und es gilt, Brücken zu bauen. Über die Oder hinweg. Das neue Europa wartet.

Heimatland

Es waren Rheinländer und Franken, Flamen und Wallonen, Böhmen, Slawen. Sie kamen, weil sie in ihrer Armut nach einem Stück Land suchten, das sie sich urbar machen wollten. Es wurde am Ende ihre Heimat. Die ist schnörkellos und oft erst beim zweiten Hinsehen schön. Und unverwechselbar.

© Ullstein Verlag GmbH & KG
Konzeption und Produktion: Wolfgang Streubel, Berlin
Grafische Gestaltung: Detlev Schüler, Berlin
Lichtsatz: Hagedorn, Berlin
Lithographien und Druck: Ruksaldruck, Berlin
Buchbindearbeiten: Lüderitz & Bauer, Berlin
Printed in Germany 1993